라임양의
별난 인문학 썰

쫌 아는 당신이 몰랐던 세상의 지식

라임양의 별난 인문학 썰

라임양, 정우경 지음

청어람미디어

당신에게 역사는 이야기인가요?

"태정태세 문단세……."

학생들은 마치 홀린 듯이 주문을 읊조립니다.

쉬운 암기를 위해 앞 글자를 따온 주문들, 교과서 사진에 실린 비슷비슷하게 생긴 수염 난 아저씨들과 저의 일상 사이에 도무지 어떤 상관관계도 찾을 수가 없었습니다. 연도순으로 빼곡히 암기한 사건 사고와 인물들은 마치 흰 도화지 같은 시공간에 각각의 점으로 부유했습니다. 마치 영수증을 강제로 외우는 듯한 기분이 들기도 했습니다.

이 점들이 하나의 선과 면으로 연결되고 하나의 큰 그림으로 다가온 것은 역사가 '이야기'로 다가온 순간이었습니다. 수많은 인간의 희로애락이 담겨 있는 이야기들은 무미건조한 사건과 연도 사이의 간극에 흥미진진한 색채를 더해주었고, 마침내 역사적 사건들이 제 삶에서 의미를 갖게 되었습니다.

영국의 시인 T. S. 엘리엇은 "역사란 언제나 동떨어진 원인에서 기묘한 결과를 가져오는 것"이라고 말한 바 있습니다. 역사의 모든 사건은 서로 상호연관(interconnected)되어 있습니다. 그래서 이 책의 챕터도 별개의 사건과 인물들로 구성되어 있지만, 읽어나가다 보면 어렵지 않게 각 챕터 간의 연관성을 찾을 수 있을 것입니다. 예컨대 몽골 제국의 정복 전쟁이 낳은 흑사병이 유럽에서는 르네상스를 열어 콜럼버스를 탄생시켰고, 동아시아에서는 각국의 혼란을 틈타 문익점과 조선의 탄생을 만든 식입니다.

취미로 시작한 방송에 귀 기울여주신 여러분 덕분에 지금의 유튜브 '라임양' 콘텐츠가 완성되었고, 나아가 이 책이 세상 밖으로 나오게 되었습니다. 이 분야의 전문 학자가 아니므로 여러모로 많이 부족합니다. 다만 역사에 흥미 없던 친구가 '역사 좋아하게 된 썰 푼다.txt' 정도로 생각하고 읽어주시면 마음이 편하겠습니다.

역사와 인문학이 중요하다고 누구나 입을 모아 이야기하지만, 어디서 시작해야 할지 모를 만큼 방대하고 막연하기도 합니다. 이 책의 이야기들을 통해 독자 여러분이 흩어져 있는 점들을 선으로 잇고 면으로 연결해가는 데 조금이라도 도움이 됐으면 좋겠습니다.

책이 나오기까지 아낌없는 지원과 지지를 보내주신 청어람미디어 정종호 대표님, 여혜영 편집팀장님께 깊은 감사의 말씀을 드립니다. 또 동갑내기 친구이자 공동 저자 정우경 작가와 유튜브 영상 편집을 담당해주는 조대군 편집자님께도 진심으로 감사드립니다. 이분들의 도움과 실행력이 아니었다면 이 책이 세상에 나오지 못했을 것입니다. 마지막으로 유튜브 '라임양' 구독자와 시청자 여러분께 감사드리며, 앞으로 더 좋은 콘텐츠로 보답하겠습니다.

차례

고려가
이 병 때문에
망했다고?

인류 역사를 바꿔놓은
최악의 전염병

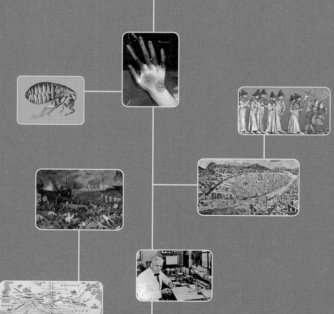

이 글을 쓰는 지금은 코로나바이러스감염증-19
(이하 코로나19)가 처음 발생한 지 2년이 된
시점입니다. 그동안 이 전염병으로 인해
전 세계 사람들이 큰 고통을 받았습니다.
코로나19가 얼마나 더 지속될지는
지금으로써는 정확히 알 수 없습니다.

전염병이 뒤바꾼 역사의 흐름

코로나19는 우리 일상을 송두리째 바꾸어놓았죠. 많은 사람이 사랑하는 사람을 잃었고, 직장을 잃기도 하고, 친구는커녕 일가친척마저 맘편히 만날 수도 없게 되었습니다. 코로나19는 우리 인류 사회 전체에 상당한 변화를 가져왔습니다. 향후 역사는 코로나19를 기점으로 나뉠 거라는 전망도 나오고 있으니까요.

　코로나19는 최근 세계적으로 창궐한 전염병 중 최악이라고 할 수 있습니다. 하지만 질병의 역사를 살펴보면 이보다 인류에게 더 큰 고통을 준 전염병은 수두룩했죠. 인류는 지금껏 수많은 전염병을 겪었고, 또 이를 극복해왔습니다. 지금까지 전 세계적으로 막대한 사망자를 낸 전염병으로는 말라리아, 천연두, 흑사병, 홍역, 콜레라, 에이즈 등이 있습니다.

　하지만 이번 장에서는 전염병 그 자체보다는 전염병이 어떻게 역사의 흐름을 바꿨고, 또 어떤 사회적 변화를 일으켜 우리가 살고 있는 지금의 사회를 만들었는지에 초점을 맞추려고 합니다.

역사상 최악의 전염병, 흑사병

때는 14세기, 훗날 제1·2차 세계대전의 사망자 수를 합친 것보다 더 많은 사람을 죽게 만든 엄청난 살인마가 등장합니다. 이 살인마는 전 세계적으로 약 1억 명의 사망자를 냈습니다. 인류의 역사도 통째로 바꾸어버렸죠. 바로 그 이름도 유명한 '흑사병'입니다. 주로 유럽의 피해 현황이 잘 알려져 있지만, 아프리카와 아시아 지역의 피해도 극심했습니다. 같은 시기에 원나라와 고려에서도 발병했습니다.

흑사병의 원인인 페스트균이 어디서 유래했는지는 사실 정확하게 밝혀지지 않았습니다. 중국 유래설, 인도 유래설 등이 있지만, 최근에 밝혀진 DNA 추적에 따르면 중앙아시아 스텝 지대에 서식하는 설치류에 기생하던 쥐벼룩을 중간 숙주로 하는 페스트균(Yersinia pestis)일 가능성이 유력하다고 합니다.

흑사병(黑死病, Black Death)이라는 이름이 붙은 이유는 이 병의 증상 중 하나인 피부의 혈소 침전으로 인해 피부가 검게 썩은 것처럼 보이기 때문입니다.

••• 흑사병의 중간 숙주 쥐벼룩

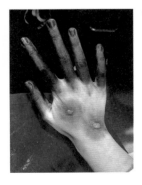

••• 피부가 썩은 것처럼 검게 변한 흑사병 환자의 손

흑사병, 최초의 생물학 무기가 되다

페스트균은 실크로드 주변 모든 국가에 엄청난 인명 피해를 입혔지만, 그중에서도 인구 밀집도가 높았던 유럽에서 특히 궤멸적인 피해를 끼쳤습니다.

도대체 흑사병은 어떻게 유럽에 오게 되었을까요? 흑사병의 전염 경로는 아직도 정확하게 밝혀지지 않았습니다. 많은 이가 흑사병을 일으키는 페스트균이 중세 시대에 갑자기 나타난 것이라고 생각하지만, 사실 페스트균은 6, 7세기에도 유라시아 대륙에서 유행했었습니다. 그러다 13세기경 몽골 제국이 등장해 동서교류가 폭발적으로 증가하자 숨죽이고 있던 페스트균이 다시 고개를 내밀게 된 거죠.

당시 유라시아 전역을 누비며 정복 전쟁 중이던 몽골 제국은 현재 우크라이나 최남단 흑해에 접해 있는 크림반도에 도착해 제노바 공화국의 식민지이자 항구 도시인 카파(현 우크라이나의 페오도시야)를 포위했습니다. 하지만 지지부진한 공성전 끝에 4년을 허비한 몽골군은 병에 걸려 죽은 시신들을 투석기로 도시 안으로 던져 넣고 자국으로 돌아갔습니다. 시신들을 성 안으로 던져 넣는 행동은 당시에도 수성 측의 사기를 꺾기 위해 종종 사용되던 전술이었는데, 문제는 이게 흑사병에 걸려 죽은 시신들이란 것이었죠.

앞서 말했다시피 페스트균은 이미 이전부터 존재해왔는데, 몽골 군대가 정복지에서 풍토병으로 까맣게 변해 죽은 사람들을 이번에는 생물학 무기로 사용하게 된 것입니다. 그리고 이것은 기록으로 남아 있는 최초의 생물학 공격이기도 합니다.

중세에도 '사회적 거리 두기'를 했을까?

몽골 군대가 물러간 뒤 카파에는 평화가 찾아오는 듯했습니다. 무역도 정상화되었죠. 다시 카파를 찾은 상인들은 언제나처럼 물건을 가득 싣고 이탈리아로 뱃머리를 돌렸습니다.

이때 유명한 '죽음의 배' 사건이 일어납니다. 카파에서 흑해를 건너 이탈리아로 향하던 제노바의 상선이 몇 주간의 항해 후 시칠리아 메시나에 도착했는데, 배 안에 살아남아 있는 선원이 거의 없었던 겁니다. 운 좋게 살아남은 선원들도 몸에 달걀만 한 검은 종기가 덕지덕지 붙어 있었고, 종기에서는 피고름이 흐르고 있었죠.

시칠리아 당국은 알 수 없는 괴질에 걸린 선원들을 실은 선단이 들어왔다는 소식을 듣고 즉시 이들을 추방했지만, 선단이 떠난 뒤에 항구 주민들 역시 비슷한 증상을 보이며 죽어가기 시작했습니다. 그리고 이미 카파에서 출발한 다른 선박들도 터키와 그리스, 이집트 등 교역로를 따라 페스트균을 전파하고 있었습니다. 결국 이 원인을 알 수 없는 전염병은 삽시간에 지중해 전역으로 퍼져나갔습니다.

중세 유럽의 흑사병 대응은 알려진 대로 아주 참담했는데, 그렇다고 아주 비과학적인 방법으로만 페스트균을 다루지는 않았습니다. 당시 사람들도 감염자와의 접촉을 통해 병이 옮는다는 것은 알고 있었습니다.

전파 초기에 이탈리아 베네치아와 프랑스 마르세유 등 몇몇 도시에서는 입항자를 40일 동안 격리해 사람 간의 전파를 막으려고 시도했습니다. 이런 연유로 40일을 뜻하는 이탈리아어 'quarantenaria'에서 검역과 격리를 뜻하는 영단어 '쿼런틴(quarantine)'이 유래하게 되었습니다.

또한 흑사병 접촉자들을 격리시키고 사망한 환자의 유품들을 태우는 등 나름의 방역 조치를 시행한 덕에 밀라노 등 몇몇 도시들은 큰 피해를 막을 수 있었습니다.

물론 여기서 밀라노가 실시한 격리란, 지금처럼 나라에서 먹을거리와 방역물품도 제공하며 실시하는 격리와는 다릅니다. 흑사병이 의심되는 사람이 나타나면 그 집에 우르르 달려가 대문을 틀어막고 환자와 가족들이 모두 굶어 죽을 때까지 가둬놓는 식이었죠.

이렇게 나름 열심히 노력(?)했지만, 시대적 한계로 인한 의학 지식 부족과 위생에 대한 기초 상식 부족을 극복할 수는 없었습니다. 인류가 손 씻기를 생활화한 것은 1870년대에 들어서였으니 위생적인 생활 습관으로 질병을 극복하기란 당시에는 아주 먼 이야기였습니다. 오히려 기상천외한 대처법들이 등장하기 시작합니다. 당대 사람들은 흑사병이 신이 내린 재앙이라고 생각했던 터라 신앙의 힘으로 병을 극복하려는 움직임이 가장 먼저 일어났습니다.

흑사병의 전염 경로로는 주로 세 가지가 있습니다. 그중 림프절 흑사병의 경우는 환자의 몸에 기생하던 쥐벼룩을 통해서, 폐 흑사병의 경우는 지금의 코로나19와 비슷하게 환자의 비말과 체액, 배설물을 통해서 주로 감염됩니다. 두 종류의 흑사병 모두 '사회적 거리 두기', 그러니까 환자와 접촉하지 않는 것이 최선입니다.

그러나 당시 사람들은 누가 보균자인지도, 어디서 쥐벼룩이 뛰어다니는지도 모르는 상태에서 바글바글 모여 미사를 드리고 참회 기도를 했습니다. 몇몇 사람들은 한술 더 떠 '채찍질 고행단'을 만들어 방방곡곡을 순회하기 시작했습니다. 스스로를 채찍질해 죄가 사해지면 흑사병에 걸리지 않을 거라고 믿었던 거죠.

••• 흑사병 전파에 막대한 공헌을 한 채찍질 고행단

사람들은 채찍질 고행단이 자기 마을에 도착하면 서둘러 집 밖으로 나와 그들과 같이 또 참회 기도를 드렸습니다. 사회적 거리 두기를 해도 모자랄 판에 다 같이 이 마을, 저 마을 우르르 몰려다니며 스스로 채찍질을 하고 다녔으니 결과적으로 흑사병 전파에 기름을 들이부은 꼴이 되고 말았습니다.

유럽 인구의 3분의 1을 사라지게 하다

1348년, 당시 유럽 최고의 의학기관이자 이성의 보루였던 파리 의과대학에서 마침내 흑사병의 진짜 원인이라며 다음과 같은 내용을 발표했습니다. 바로 '화성, 목성, 토성이 일렬로 늘어서는 바람에 지구에 치명적인 대기오염을 발생시켰다'는 것이었습니다. 목성은 습하므로 땅의 사악한 수증기를 불러일으키고, 화성은 뜨겁고 건조해 이 수증기를 불태워 사악한 증기와 불이 지구의 공기 중에 가득하게 되었다는 것이었죠.

어딘가 굉장히 과학적인 것처럼 들리는 이 주장은 당시 지식인들 사이에선 정설로 받아들여졌습니다. 병의 원인 분석부터가 이 모양이니 대응책이야 안 봐도 뻔한 일이었죠. 공기와 냄새가 병을 전파시킨다고 믿는 바람에 거리마다 불을 피워 병균을 죽이려 했고, 교회 종을 마구 쳐서 성스러운 울림이 공기 중에 퍼져나가게 하기도 했습니다.

한편 과도하게 높은 유럽의 인구 밀집도는 흑사병을 퍼뜨리게 된 영양학적인 원인을 낳기도 했습니다. 당시 농업 생산량은 12세기 중반부터 급속도로 성장한 유럽의 인구를 따라가지 못했고, 때문에 유럽의 경작지는 다양한 작물을 심기보다는 밀같이 인구 부양에 유리한 몇 가지 곡물만을 집중적으로 생산하게 되었습니다.

그 결과 유럽인들의 식단에서 전분, 그러니까 탄수화물의 비중이 과도하게 높아지는 대신 단백질이나 비타민, 미네랄 같은 다양한 영양소는 부족하게 되어 인구의 절대다수는 만성적인 영양실조에 시달리게 됩니다. 사실 인간은 영양 상태만 좋아도 각종 병에 대한 저항력이 높아집니다. 반대로 말하면 영양실조는 곧 면역력 저하로 이어지죠.

이런 흑사병이 몇 차례 소강기와 유행기를 거치며 여러 해를 이어가면서 유럽 전역은 초토화되었고, 도시의 행정력은 붕괴되어 약탈 또한 빈번하게 일어났습니다. 어제 본 사람이 오늘 죽어 있고, 오늘 본 사람은 내일 죽어 있는 아비규환 속에서 유럽 인구 3분의 1이 3년여 만에 몽땅 죽고 맙니다. 도시에 따라서는 인구의 80퍼센트 이상이 죽기도 했다니 엄청난 치사율이었죠.

••• 피터 브뤼겔, 〈죽음의 승리〉, 1526. 중세 유럽을 뒤흔든 흑사병은 유럽 인구의 3분의 1을 사라지게
했다. 뼈만 남은 해골로 묘사된 흑사병이 몰고 온 죽음은 광포하게 사람들을 덮쳤다.

중세 체제의 붕괴와 함께
르네상스 시대의 문을 연 흑사병

수많은 사망자를 낸 흑사병도 역사의 수레바퀴를 멈출 수는 없었습니다. 흑사병이 잦아들자 유럽 곳곳에서는 거대한 사회 변화들이 감지되었죠.

먼저 봉건 영주들과 귀족들의 재정이 급속도로 악화되었습니다. 흑사병으로 인해 교역은 전면 중단되었고, 세금을 뜯어낼 농민들은 다 죽어버렸습니다. 심지어 수확철에 추수를 할 일손이 부족해 곡식들이 들판에서 썩어가는 일도 곳곳에서 일어났습니다. 영세한 봉건 영주들은 파산을 피할 길이 없었죠.

인구가 줄어들어 노동력은 귀해지고 경작할 땅이 넘쳐났습니다. 농민들은 더 이상 영주 밑에서 노예처럼 일하기를 거부했습니다. 게다가 인구의 절반가량이 죽어버렸기 때문에 오히려 남은 사람들은 식량이 풍족해지는 아이러니가 일어났죠.

그 결과 농민들은 처음으로 더 좋은 노동 조건을 따져가며 자신이 원하는 일을 고를 수 있게 되었습니다. 영주들은 저마다 더 좋은 조건을 제시하며 농민들을 스카우트하기 바빴습니다. 그 결과 세금은 줄어들고 식량은 풍족해졌으며, 영주들도 인구 부양력은 적지만 노동력이 적게 드는 축산업 등을 시작하게 되었습니다. 농민들도 다양한 작물을 재배하면서 영양 상태도 크게 개선되기 시작했죠. 이런 노동력 부족으로 인한 임금 상승이 흑사병 이후 100여 년간 지속됩니다.

또한 유럽 곳곳에서 벼락부자들이 생겨났습니다. 흑사병으로 인해 마을이나 가문 전체가 몰살되는 일이 흔했고, 살아남은 소수의 사람

••• 르네상스의 본고장 이탈리아의 피렌체

은 생전 만난 적도 없는 먼 친척, 예컨대 사돈의 팔촌의 유산까지 상속받게 되어 이런 현상이 일어나게 된 것이죠.

이렇게 흑사병으로 인해 노동자와 농민의 지위가 극적으로 상승하게 되자, 노동 인구 부족과 임금 상승을 해결할 방안으로 노동력을 줄일 수 있는 장치나 기술들이 발전하게 됩니다. 특히 1440년경 독일의 구텐베르크가 발명한 활자 인쇄기는 인쇄업에서 노동력을 획기적으로 절감했을 뿐만 아니라, 일부 식자층만 누리던 지식을 빠르게 유럽 전체로 퍼뜨리는 데 막대한 기여를 했습니다. 이 같은 지식의 확산은 콜럼버스처럼 기존에 없었던 평민 출신 탐험가들을 만들어내는 원동력이 되기도 했죠.

기존의 중세 봉건 체제는 이렇게 흑사병이 몰고 온 변화의 바람에 서서히 무너져버리고, 유럽에서는 이탈리아를 중심으로 새로운 르네상스 시대가 막을 올리게 됩니다.

한반도의 변화까지 몰고 온 흑사병

흑사병은 유럽뿐만 아니라 한반도와 동아시아 역사의 흐름도 완전히 바꿔놓았습니다. 이 시기에 고려에도 흑사병이 발생해 큰 피해를 입었는데, 피해 규모에 대해서는 정확한 자료가 부족하지만 1348년에 전염병으로 사망했다고 기록된 충목왕의 사인도 이 흑사병이라는 설이 유력합니다.

실크로드를 따라 무역하던 중국, 몽골, 중앙아시아, 중동, 이집트 등 모든 지역이 흑사병으로 인해 경제적으로 막대한 손해를 입었습니다. 원나라 시기에 허베이성에서는 흑사병이 창궐해 도시 인구의 약 90퍼센트가 몰살당했다는 기록이 있으며, 중국 대륙에서만 2,500만 명 이상의 사망자가 발생했습니다.

특히 흑사병은 원나라의 사회 체제에 막대한 영향을 끼쳤습니다. 동아시아 경제의 큰 축이었던 실크로드를 포함해 모든 무역 루트가 풍비

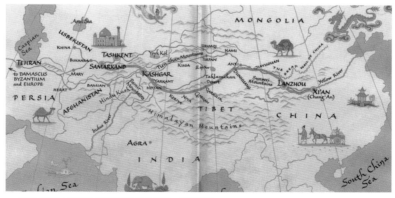

••• 붉은 선으로 표시된 원나라를 가로지르는 실크로드

박산 나게 된 원나라는 재정이 매우 궁핍해졌습니다. 당시 원나라는 지금 미국의 달러와 같이 기축통화 역할을 맡았던 화폐 '교초(交鈔)'를 유통했는데, 교초는 은을 강제로 국고에 보관하도록 하는 대신 은 1냥을 교초 10관으로 정해 유통시킨 '태환(兌換) 화폐'였습니다.

하지만 경제학적 지식이 부족했던 원나라는 재정 궁핍을 해결하고자 교초를 대량으로 찍어냈고, 그 결과 교초는 극심한 인플레이션으로 휴지 조각이 되어버립니다. 이 사건은 역사 기록으로 남아 있는 세계 최초의 통화 인플레이션입니다. 이렇게 경제가 파탄 나고 물가가 폭등하자 이번에는 대륙 곳곳에서 반란을 꿈꾸는 홍건적이 들끓었습니다. 원나라는 점점 쇠망의 길을 걷게 되었습니다.

한편 원나라의 경제 파탄으로 엄청난 피해를 입은 국가들이 또 있었는데, 바로 고려와 일본이었습니다. 당시 고려에는 벽란도(碧瀾渡)라는 국제무역항이 있었습니다. 실크로드의 끝자락에 위치한 고려는 원나라가 구축한 거대한 국제무역 체제에서 짭짤한 수익을 올리던 무역국가였죠. 기축통화인 원나라 교초도 듬뿍 쌓아놓고 있었습니다. 하지만 흑사병으로 국제무역로가 박살 나고, 믿었던 교초마저 휴지 조각이 되어버리자 고려의 재정도 파탄 나고 맙니다.

또한 일본은 당시 가마쿠라[鎌倉] 막부 말기로, 나라가 남북조로 나뉘어 내전 중이었습니다. 사회는 불안정하고 전쟁 때문에 항상 쌀과 물자가 부족해 중국 강남지방에서 수입하는 쌀로 식량 문제를 해결했죠. 그러나 역시 무역 체제가 붕괴하고 중국 대륙도 혼란에 빠지게 되면서 쌀을 더 이상 사올 수 없게 됩니다. 오랜 내전으로 농업 기반 대다수가 파괴된 일본 경제도 파탄에 이르게 되고, 이는 1350년대부터 왜구가 군벌 규모로 급격하게 늘어나는 원인이 되기도 합니다.

또 그간 세력을 키운 홍건적과 왜구는 고려에도 침입해, 가뜩이나 내리막을 걷고 있던 고려의 국력에 치명타를 가하게 됩니다. 이렇듯 흑사병이 굴린 눈덩이는 갈수록 거대해져, 결국 세계 제국이던 원나라를 비롯해 고려, 가마쿠라 막부를 모두 무너뜨리게 됩니다. 이후 동아시아 3국에 각기 새로운 왕조가 들어서게 됩니다.

페니실린의 발견

흑사병은 전 세계적으로 막대한 피해를 입힌 뒤 소강 상태에 접어들었고, 이후 공중보건 정책의 발달, 영양 상태 개선, 사람들의 자연 내성 증가 등으로 점차 위세를 잃어갔습니다. 그러나 그 뒤로도 몇백 년을 더 살아남으며 곳곳에서 산발적인 전염을 일으켰죠.

하지만 기나긴 흑사병의 터널도 드디어 끝이 보이기 시작했습니다. 1928년, 영국의 미생물학자 알렉산더 플레밍(Alexander Fleming)이 '인

••• 페니실린을 발견한 알렉산더 플레밍

류의 구원자'라고 불리는 페니실린을 발견한 뒤 항생제와 백신이 개발
되면서 치료제도 만들어졌습니다. 또한 위생과 영양 상태가 과거와 비
교할 수 없을 만큼 개선되어 지금은 치료도 쉽고 관리도 수월한 질병
이 되었습니다.

　보이지 않는 세균과 바이러스가 앗아간 수많은 사람과, 그 질병들이
역사에 미친 영향을 들여다보면서 한 명의 인간으로서 참으로 겸허해
집니다. 포스트 코로나19 시대가 찾아온다면 어떤 변화가 올지 예상
하기란 쉽지 않습니다. 물론 이전과 같은 상황으로 돌아가지는 못하겠
죠. 예기치 못하게 찾아온 새로운 변화에 적응하기 위해 몸과 마음을
항상 건강하게 유지하고, 주변에 나보다 어려운 이웃을 돌아보는 여유
와 지혜가 필요한 시기입니다.

라임양의 영상으로 만나는
인류 역사를 바꿔놓은 최악의 전염병 ▶

02

문익점은 목화씨를
붓두껍에 몰래
가져왔을까?

럭키가이 문익점의 일생으로
살펴본 고려 말 이야기

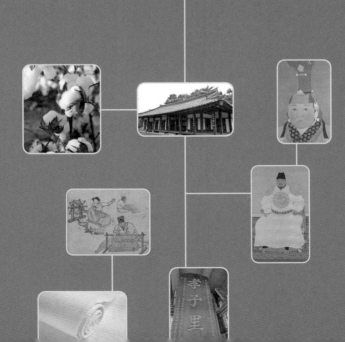

'원나라에 사신으로 나갔다가
고국으로 돌아오는 길에 붓두껍에
목화씨를 몰래 숨겨와 이후 우리의
의복 문화를 바꾼 위인 문익점.'
그를 한 문장으로 평한다면 이럴 테지요.
그렇다면 정말 문익점이 목화씨를
붓두껍에 넣어 밀수(?)했던 걸까요?

풍전등화를 닮은 고려의 공민왕 이야기

••• 화장사(華藏寺)에 봉안된 공민왕의 어진을 찍은 사진

'문익점'이라는 이름을 들은 우리나라 사람이라면 누구나 '목화씨'를 떠올릴 겁니다. 문익점의 목화씨 이야기를 시작하려면 우선 그가 사신으로 원나라를 방문하게 된 고려 말의 정세부터 짚고 넘어가야 합니다.

당시 고려는 몽골 제국과의 전쟁에서 패배한 뒤 오랜 기간 쿠빌라이 칸이 세운 원나라의 간섭을 받고 있었습니다. 그러던 1351년에 공민왕이 고려의 왕으로 즉위합니다. 원 간섭기에 고려 왕족들은 '뚤루게[禿魯花, 독로화]'라고 불리던 일종의 볼모 생활을 겪어야 했습니다. 공민왕도 왕이 되기 전에 원나라의 대도(大都, 지금의 베이징)에서 10년 동안 인질 생활을 했습니다.

공민왕은 이 기간 동안 원나라가 점점 쇠퇴하고 있다는 걸 알아차립니다. 당시 원나라는 거대한 제국을 다스릴 만한 행정체계가 미비했고, 소수 몽골인 지배층과 다수 한족 피지배층의 대립이 극에 달해 중앙의 통제력이 상실된 지방이 점점 늘어나고 있었습니다. 특히 한족의 반란으로 경제 중심지인 강남지방 일대가 통제권에서 벗어난 게 치명적이었죠. 또한 당시 전 세계적으로 유행한 흑사병을 원나라도 피해갈 수 없었습니다. 기축통화였던 교초(交鈔)의 남발로 인한 인플레이션으로 경제도 파탄에 이르게 됩니다.

한편 고려로 돌아와 왕이 된 공민왕은 본격적인 반(反)원 정책을 시도했지만, 고려 내의 친(親)원 세력과 원나라의 실권을 잡은 기황후 때문에 제대로 시행할 수가 없었습니다. 몇 해 전 동명의 드라마가 방영되면서 많은 이에게 익숙한 이름의 '기황후'는 1333년 원나라에 공녀로 끌려갔던 인물입니다. 그녀의 될성부른 떡잎을 알아본 고려 출신 환관 고용보의 추천으로 원나라 황제인 혜종의 차와 다과를 담당하는 시녀가 되었습니다.

아름다운 용모와 뛰어난 학식을 갖춘 기황후에게 홀딱 반한 혜종은 그녀를 자신의 후궁으로 삼았는데, 훗날 그녀는 북원의 제2대 황제로 즉위한 소종(昭宗) 아유시리다라(愛猷識里答臘)를 낳으면서 사

••• 고려의 공녀 출신으로 원나라 황후 자리에 오른 기황후

실상 원나라의 최고 실세가 되었죠.

하지만 기황후의 득세가 고려에게는 딱히 좋은 일은 아니었습니다. 기황후는 자신과 친정 기씨 가문의 잇속을 챙기려 고려 정사에 간섭하기 시작했고, 더군다나 기황후의 오빠 기철을 필두로 한 친원 권문세족, 즉 당시에 '부원배(附元輩)'라 불리던 그들이 온갖 패악을 일삼았습니다.

1356년, 때를 기다리던 공민왕은 반원 정책의 시작으로 '병신정변'을 일으킵니다. 부원배의 우두머리 격인 기철과 그를 따르던 부원배 25명을 모조리 제거했고, 여자와 어린아이를 포함한 일가족도 모두 숙청했습니다. 또 여세를 몰아 원에 빼앗겼던 영토, 지금의 함경남도 근방에 위치한 쌍성총관부도 수복하게 됩니다.

고려 말, 혼란하고 혼란하도다!

친원파 세력을 완전히 뿌리 뽑은 뒤 공민왕의 개혁은 거칠 게 없어졌습니다. 전민변정도감(田民辨整都監)을 세워 기철 일당이 빼앗아간 노비와 토지를 빠르게 정리했고, 기존의 권문세족이 아닌 성리학을 공부한 새로운 지식인 계층으로 신진사대부를 등용하기 시작합니다. 나중에 다시 언급할 이색, 이숭인, 정몽주, 정도전 등의 쟁쟁한 신진사대부들도 이때 조정에 진출합니다.

그런데 공민왕의 좋은 시절도 얼마 못 가 끝나고 맙니다. 원나라를 쑥대밭으로 만든 홍건적이 고려에도 침입했기 때문이죠. 1359년 겨울, 홍건족 4만여 명이 쳐들어와 지금의 평양인 서경이 함락당했는

••• 명나라 태조 홍무제 주원장. 홍건적은 명나라 창업군주 주원장의 기반이었기 때문에, 홍건적으로 인한 피해는 훗날 조선이 서술한 『고려사』에서 축소해 기술되었다.

데 2년 뒤에는 무려 20만 명이 압록강을 넘었습니다. 그런데 그 기세가 얼마나 대단했는지 약 한 달 만에 개경이 함락되고 공민왕은 안동까지 몽진(蒙塵)하는 수모를 겪어야 했습니다. 당시 고려는 홍건적에게 수도와 서북 영토가 초토화되는 피해를 입었는데, 한편으로 이들을 격퇴하는 과정에서 최영과 이성계 등 신흥 무인 세력들이 정치적 입지를 다지게 되었습니다.

동시에 남쪽에서는 왜구가 극성을 부려 남해안 일대가 쑥대밭이 되었습니다. 당시 일본은 남북으로 나뉘어 내전 중인 상태였는데, 중앙정부의 통제가 상실되어 지방 군벌이 통째로 왜구가 되는 일도 비일비재했습니다. 그 왜구들이 한반도의 남해안 일대를 침략하게 된 것이죠. 엎친 데 덮친 격으로 가뭄까지 들어 백성 모두의 식량 사정도 어렵게 됐습니다.

개혁도 좋고 자주국가도 좋지만 일단 먹고사는 문제가 시급하다 보니 신하들은 공연히 원나라를 적대하기보다는 일단 다시 손을 잡고 홍건적 무리부터 몰아내야 한다고 주장하기 시작했습니다. 공민왕의 반원 개혁 정책도 이 때문에 상당 부분 실패하게 됩니다. 홍건적을 격퇴하는 과정에서 원나라의 직간접적인 도움이 필요했을뿐더러, 강력한 정책을 추진하기에는 나라 안팎이 너무 어렵기도 했죠.

나라보다 핏줄이 더 중요했던 기황후

한편 기황후는 공민왕이 자기 친정 식구들을 몰살시켰으니 원한을 품고 복수할 기회만을 엿보고 있었습니다. 사실 원나라 입장에서는 고려보다 눈앞에 놓인 홍건적 처리가 더 시급한 국가적 문제였음에도 불구하고 기황후는 개인적인 원한을 앞세운 것이죠.

이때 마침 '최유'라는 자가 기황후에게 솔깃한 제안을 합니다. 반원 정책을 펴는 공민왕을 폐위시키고 대도에 머무르던 충선왕의 셋째 아들 덕흥군을 고려의 왕으로 세우자는 것이었죠. 이에 기황후는 원나라 황제를 움직여 덕흥군을 고려 국왕으로 책봉하기에 이르렀고, 하루아침에 왕이 된 덕흥군은 임시정부를 세우고 대도에 있는 고려인들에게 벼슬을 내리는 등 본격적으로 왕노릇을 하기 시작합니다.

공민왕은 홍건적의 2차 침입을 겨우 몰아내고 안동에서 개경으로 귀환하는 도중 이런 날벼락 같은 소식을 듣게 됩니다. 불안한 공민왕은 재빨리 원나라에 사신단을 보내게 되는데, 이게 1363년 봄의 일입니다.

문익점의 첫 번째 위기

공민왕이 보낸 이 사신단에 이번 이야기의 주인공 문익점도 함께였습니다. 1360년에 과거에 급제한 문익점은 당시 4년차 초급 문관이었습니다.

하루아침에 두 명의 왕이 생긴 원나라에 살던 고려인들은 공민왕과 덕흥군을 사이에 두고 인생을 건 줄서기에 나서게 됩니다. 비록 사신단도 공민왕의 명을 받고 원나라에 오긴 했지만, 대도에 들어온 이상 앞으로 누구 편에 설 것인지 반드시 정해야만 했죠. 더군다나 기황후가 나서서 사신단을 상대로 회유와 협박을 하며 열심히 설득했습니다.

사신들이 어떤 결정을 내렸는지에 대해선 『고려사절요』에 자세히 적혀 있습니다. 홍순, 이자송, 김유, 황대두는 공민왕과의 의리를 지켜 다시 고려로 돌아갔습니다. 하지만 우리의 문익점은 안타깝게도 덕흥군에 줄을 서고 맙니다. 사신단 중 문익점을 포함한 김첨수, 유인우, 황순, 안복종, 기숙윤 등은 덕흥군에게 줄을 서 대도에 그대로 남아 있게 됩니다. 심지어 이들 가운데 유인우, 안복종은 한술 더 떠 고려로 쳐들어가는 길잡이 역할을 하기도 합니다.

사신들의 교통정리도 끝나고 나니 기황후는 이제 덕흥군을 앞세워 고려를 정복할 계획을 세우게 됩니다. 하지만 당시 원나라 사정도 고려 못지않게 매우 궁박했습니다. 전 국토에 흑사병이 만연해 있었고 홍건적과 싸우느라 따로 병력을 모을 여력도 없었습니다.

원나라는 요동에서 병사 1만 명을 겨우 긁어모아 압록강을 건너 고려로 쳐들어오게 됩니다. 하지만 급조한 덕흥군의 군대는 고려에 패퇴하고 맙니다. 원나라 군대는 더 이상 예전의 그 매섭던 몽골군이 아니었던 것이죠. 또한 이때 덕흥군 군대와 맞선 고려 장수가 바로 역전의 명장 최영과 이성계였습니다.

이후 원나라는 슬머시 꼬리를 내리게 됩니다. 이미 국력이 바닥을 친 원나라도 고려와 더 이상의 불필요한 불화를 원치 않았기에 공민왕의 복위를 승인하는 조서를 보냈습니다. 이 모든 일의 설계자였던 최유를 고려로 압송하고 덕흥군은 유배를 보냈죠.

덕흥군에 줄을 섰던 고려 사신들은 별안간 꿔다놓은 보릿자루가 되어버렸습니다. 게다가 이 문제로 더는 골치 썩히기 싫었던 원나라는 이들을 고려로 송환시켜버립니다. 문익점의 선택은 역모죄로 다스려도 시원찮은 일이었지만 정말 운 좋게도 파면당하는 것으로만 처벌이 마무리되었고, 이후 시골로 내려가게 됩니다.

문익점이 어떻게 극형을 면하게 되었는지 자세한 내용은 문헌에 기록되어 있지 않습니다. 다만 반란의 주모자였던 최유가 문익점의 이름을 자기 마음대로 명단에 올려놓아 억울하게 연루된 것이라는 이야기도 있고, 추정컨대 덕흥군에게 적극 동조하지는 않았던 게 정상 참작되었는지도 모릅니다.

문익점과 목화씨

바로 이때, 고국으로 돌아가던 길에 문익점이 목화씨를 가져가게 됩니다. 최소 삭탈관직은 예약되어 있는 상황에서 운 좋게 살아남는다면 이거라도 가지고 농사짓고 살아봐야지 했던 것입니다. 당시 목화는 원나라 정부가 적극 장려해 화북지역까지 널리 심고 있던 농산물이었습니다.

목화는 원래 온난하고 건조한 기후인 인도의 고원지대가 원산지입니다. 벼, 밀, 옥수수 같은 작물들도 인간들이 먹기 위해 끊임없이 개량해왔듯, 처음에는 목화도 지금과 같은 솜을 만들어내지는 못했습니다. 민들레 홀씨처럼 씨앗을 바람에 날려 퍼뜨리기 위한 솜털이 있었을 뿐이었죠. 이런 목화가 4천 년 전 인도에서 처음 개량되어 재배되기 시작했고, 동남아를 거쳐 중국에는 비교적 늦은 12세기부터 따뜻한 강남(江南), 다시 말해 중국 장강(長江) 이남 지역을 위주로 재배되기 시작했습니다.

초기에 목화는 추위에 약했지만 중국에서 개량을 거듭하며 북진했고, 마침내 동북아시아의 추운 기후에 적합한 화북(華北, 화베이)산 목화가 탄생하게 된 것이죠. 다만 강남의 귤도 회수[淮水, 중국 황하(黃河)]를 넘으면 탱자가 된다고 했던가요? 목화는 원래 여러해살이 식물이지만 화북산 목화는 추운 겨울을 나지 못하고 한해살이가 되어버렸습니다. 문익점이 고려로 가지고 들어갔던 것이 이 한해살이 화북산 목화였습니다.

문익점과 목화 이야기는 『고려사』 열전과 『태조실록』에 다음과 같이 기록되어 있습니다.

> "문익점은 진주 강성현 사람인데 고려의 사명을 받들어 원나라에 갔다가 덕흥군에 부(附)하였다가 덕흥군이 패하므로 돌아왔는데, 목면의 종자를 얻어 와서 그 장인 정천익에게 부탁하여 심게 하였다." 『고려사』 열전

••• 문익점의 주머니에 담겨 왔던 목화씨 몇 알이 훗날 한민족의 의생활을 바꾸는 계기가 되었다.

"길가의 목면 나무를 보고 그 씨 십여 개를 따서 주머니에 넣어 가져왔다."_『태조실록』

어라?! 그런데 무언가 이상하지 않습니까? 우리는 원나라가 목화씨의 반출을 금지해 문익점이 붓두껍에 몰래 숨겨 들어왔다고 알고 있는데 그런 얘기는 어디에도 찾아볼 수 없습니다. 사실 당시 원나라가 반출을 금지한 품목은 군사적으로 쓰일 수 있는 지도와 화약뿐이었습니다.

붓두껍 이야기는 후대에 창작된 일화 중 하나입니다. 목화는 당시 고려와 일본을 제외하고는 밭에 차일 만큼 많이 재배되고 있었기 때문에 딱히 금지할 이유도 없었죠. 아무튼 우여곡절 끝에 고향으로 내려온 문익점은 장인 정천익과 함께 목화 재배를 시도했는데 첫해와 이듬

••• 경남 산청 목면시배 유지. 문익점이 원나라에서 가져온 목화씨로 처음 목화를 재배한 곳이다.

해 연속해서 실패하고 말았습니다.

그렇지만 럭키가이 문익점 아니겠습니까? 장인 정천익이 심은 씨앗 중 하나에서 꽃이 피어 다시 100여 개의 씨앗을 얻었고, 그렇게 3년째 되는 해 목화 재배에 성공하게 됩니다. 그 후 문익점은 해마다 재배 면적을 늘려가며 마을 사람들에게 무료로 씨앗을 나누어주고 재배 방법을 전수해주게 됩니다.

문익점도 처음에는 목화에서 씨를 제거하고 실을 뽑는 방법을 몰라 고민했습니다. 이때 장인 정천익이 원나라 승려 홍원을 자신의 집에 머무르게 하며 그에게 씨를 빼는 방법과 실을 뽑는 물레 만드는 기술을 배웠고, 문익점은 이를 전수받아 다시 마을 사람들에게 전해주었습니다. 이제 누구나 손쉽게 목화로 옷과 이불을 만들 수 있게 되었죠.

목화는 어떻게 의생활을 바꾸게 되었나

문익점이 목화씨를 가져온 지 약 10년이 지나자 목화는 한반도 남부 일대에 널리 퍼지게 됩니다. 당시 목화가 전례 없이 빠르게 보급될 수 있었던 데에는 세 가지 이유가 있었습니다.

첫째, 농사짓기가 아주 편했습니다. 당시 옷감을 만들기 위해서 재배하던 작물인 뽕나무와 모시풀은 다년생으로 한 번 재배하기 시작하면 그 땅에서 몇 년을 꼼짝없이 그것만 키워야 했죠. 하지만 문익점이 가져온 화북산 목화는 일년생이었기 때문에 농민들도 큰 부담 없이 한 번 심어볼 만했고, 특히 윤작을 위해 잠시 쉬어가는 땅에서 임시로 농사짓기에 제격이었습니다.

••• 물레질하는 여인의 모습이 담긴 김홍도의 〈자리짜기〉. 목화솜은 삼베나 모시와 달리 물레를 이용해 다량의 실을 뽑아낼 수 있었다.

둘째, 엄청난 생산력을 자랑했습니다. 목화 자체의 생산력도 뛰어났지만 모든 과정을 수작업으로 실을 뽑는 삼베, 모시 등과 달리 무명은 물레를 사용할 수 있어 같은 시간 대비 약 다섯 배 이상의 실을 뽑을 수 있었습니다.

셋째, 기존 옷감들의 단점을 모두 보완했습니다. 그 당시 옷감은 명주, 삼베, 모시가 대부분이었는데 명주는 앞서 말한 것처럼 다년생 뽕나무를 키우고 누에게 그 뽕잎을 먹여 고치에서 실을 뽑아 만드는 복잡한 과정을 필요로 했습니다. 때문에 명주는 서민들이 꿈도 못 꾸는 비싼 옷감이었죠.

반면 그럭저럭 생산량이 나오는 삼베나 모시는 바람이 숭숭 들어와 여름에나 시원하지 겨울에 입기에는 너무나 얇은 옷감이었습니다. 하지만 목화로 만든 무명은 기존에 있던 옷감들의 단점을 모두 보완하고도 남았습니다. 생산량도 엄청났을뿐더러 얇게 만들면 여름에 시원하게 입을 수 있었고, 겨울에는 솜을 넣어 누비옷으로 만들면 매우 따뜻했죠. 목화로 만든 무명이야말로 1년 365일 언제나 입을 수 있는 옷감이었습니다.

15세기 무렵이 되면 무명은 가장 중요한 화폐 대용으로 쓰이게 되었는데, 상평통보가 등장하기 전까지 조선의 기축통화나 다름없었습니다. 또 한 가지 재밌는 사실은, 지금 한국조폐공사가 생산하는 대한민국의 지폐도 우즈베키스탄산 목화를 원료로 쓰고 있다는 점이죠.

지위고하를 막론한 모든 사람의 생활을 크게 개선시킨 목화 덕에 이를 국내로 들여와 보급한 문익점에 대한 소문이 온 나라에 퍼지게 된 건 당연지사였습니다. 우왕이 즉위한 첫해인 1375년, 조정에서도 문익점을 다시 천거해 공을 치하하자는 이야기가 나오기 시작했습니다. 마침내 우왕은 문익점을 '전의주부(典儀注簿, 국가적 제례를 주관하고 왕의 묘호와 시호의 제정을 맡아보던 관직)'로 임명하며 조정으로 불러들입니다. 덕흥군 사태로 인생이 꼬여버린 지 10년 만의 일이었죠.

문익점에게 또 한 번 찾아온 위기

이렇게 화려하게 컴백한 이듬해, 문익점은 모친상을 당해 관직을 내려놓고 다시 고향으로 내려가게 됩니다. 신진사대부였던 문익점은 『주자가례』에 따라 어머니의 묘소를 3년이나 지켰습니다. 고려 말이던 당시는 유학의 기풍이 확립되기 전이라 성리학을 따르던 신진사대부들도 100일이면 탈상을 하는 게 관례였고, 유교가 사회 전반을 지배하게 되는 조선 시대에도 3년 시묘는 매우 어려운 일이었죠.

3년상을 치르는 동안 당시 기승을 부리던 왜구가 문익점이 있던 경상도 배양마을에도 쳐들어오게 됩니다. 주민들은 살기 위해 피난을 떠나고 마을은 쑥대밭이 되었는데도 문익점은 떠나지 않고 계속 어머니의 묘소를 돌봤습니다.

이때 마을에 들어온 왜구 대장은 목숨이 위태로운 상황에도 홀로 남아 효를 다하는 문익점의 모습에 감동해 물해효자(勿害孝子), 즉 '효자를 해치지 말라'라는 표지를 설치하고 다른 왜구들이 그에게 해를 가하지 못하게 했습니다. 이 때문에 문익점의 마을은 왜구로부터 화를 피해갔다고 효자비는 기록하고 있습니다.

당시 왜구와의 전투로 경상도에 머물던 이성계는 이 소식을 전해

••• 산청 배양마을 문익점 효자비

들고 깊은 감명을 받았고, 문익점이야말로 온 백성의 귀감이 되어야 한다며 우왕에게 청해 효자비를 세우게 됩니다. 이 효자비는 아직도 경상남도 산청군 배양마을에 남아 있습니다.

고려의 펠레? 절체절명의 마지막 위기

왜구로부터 죽을 위기를 넘기고 조정에 돌아온 문익점은 우왕을 거쳐 창왕, 공양왕까지 이어지는 험난한 고려 말 정치 상황에서도 나름대로 잘 버텨나갑니다. 특히 '목화씨 문익점'이라는 수식어는 항상 그를 지켜주었죠.

그러던 어느 날, 문익점에게 또다시 일생일대의 선택지가 찾아옵니

다. 고려를 장악한 신진사대부가 '고려는 국운을 다했으니 새로운 나라를 세워 개혁하자!'라는 급진파와 '그래도 구관이 명관인데 고려에서 개혁하자'라는 온건파로 나뉘게 된 것입니다.

어째 상황이 덕흥군 때와 비슷하게 돌아가기 시작합니다. 관료들은 '급진파 정도전이냐, 온건파 정몽주냐'를 두고 선택해야만 했습니다. 수많은 관료가 각자 살길을 찾아 줄을 서기 시작했죠.

그런데 우리의 문익점은 이번에도 안타깝게 정몽주에게 줄을 서고 맙니다. 문익점과 정몽주가 목은 이색 문하에서 함께 공부한 사이였던 것이 크게 작용했던 것이죠. 이쯤 되면 고려의 펠레라고 할 만하죠.

선죽교에서 그 유명한 "만수산 드렁칡이 얽혀진들 어떠하리……", "이 몸이 죽고 죽어 일백 번 고쳐 죽어……"가 오간 뒤 정몽주는 이방

••• 정몽주가 이방원에게 살해된 장소인 개성의 선죽교

원에 의해 살해당하고 맙니다.

이때 정몽주에게 줄 섰던 수많은 관료도 함께 숙청되었는데, 문익점의 목숨도 바람 앞에 흔들리는 등불 신세가 되었습니다. 하지만 이번에는 이성계와의 인연이 그의 목숨을 구했습니다. 문익점의 딸이 이성계가 깍듯이 모셨던 이복형 완풍대군 이원계와 결혼해, 문익점은 이성계의 사돈 장인이었던 것이죠. 또 그 사이에서 태어난 아들 완산군 이천우는 사촌 이방원의 최측근이기도 했죠.

또한 이성계는 앞서 효자비 일화에서 언급했듯이 문익점의 됨됨이를 높이 평가하고 있었습니다. 훗날 이성계는 벼슬에 뜻을 접고 고향으로 내려간 문익점을 두 차례나 조정으로 불렀고, 문익점이 이에 응하지 않자 강제로 정3품의 관직을 내렸다는 기록이 남아 있습니다.

아무튼 급진파 입장에서도 새로운 왕조를 열어야 하는데 백성들에게 인기 많은 문익점을 숙청해 좋을 것이 없었기에 럭키가이 문익점은 또다시 줄을 잘못 서고도 목숨을 부지할 수 있었습니다. 잔학무도한 왜구로부터도 살아남고, 단 한 번의 잘못으로 3대가 멸족할 만한 사건에서도 두 번이나 살아남은 것이죠. 문익점은 이후 고향에서 천수(天壽)를 누리다가 1398년, 69세의 나이로 세상을 떠나게 됩니다.

죽어서도 계속되는 행운

문익점은 세상을 떠났지만 그의 행운은 아직 끝나지 않았습니다. 건국 초기이던 태종 1년에 문신 권근이 임금께 상소를 올렸는데, 이런 내용입니다.

"지금 조선 백성들이 따뜻하게 잘 먹고 잘사는 건 다 문익점이 강남에서 목화씨를 가지고 와서가 아니겠습니까. 그런데 이런 문익점의 아들이 요즘 어렵게 살고 있다고 하니 벼슬 한자리 주시는 게 어떻겠습니까."

이 상소 이후로 문익점의 자손들은 음서(蔭敍)로, 쉽게 말해 아버지 빽(?)으로 관직을 얻게 되었습니다. 그의 행운은 대를 이어 자손들까지 떵떵거리며 살게 해주었죠. 세종 때는 문익점 본인도 영의정으로 추존됩니다.

그런데 상소를 보면 이상한 점이 눈에 띕니다. 문익점이 강남에서 목화씨를 가져왔다는 기록은 어디에도 없는데, 강남은 갑자기 어디서 나온 것일까요?

이는 당시에 '목화'는 '강남'이라는 인식이 있었기 때문인데, 문제는 권근의 이 한마디에 문익점 스토리는 점점 살이 붙어 산으로 가게 되었다는 것입니다. 세조 때의 문신 남효온의 『목면화기』에서는 '문익점 강남 유배설'이 등장하기 시작하더니, 문익점의 후손 문지창은 한술 더 떠 아예 그를 신격화하는 지경에 이르게 됩니다.

문익점이 원나라 황제를 독대한 자리에서 "충신에게 어찌 두 임금을 섬기라고 합니까![忠臣不仕二君]"라며 호통을 치고 공민왕에 대한 절개를 지키다 결국 황제에게 미움을 사 강남으로 유배됐다는 것이었죠. 이렇게 문익점 이야기는 점점 살이 붙고 신격화되어 이후 민간에서도 널리 추앙받게 됩니다.

물론 황제에게 호통치기는커녕 덕흥군에게 줄을 잘못 섰다가 파면당하고, 목화씨를 목숨 걸고 숨겨온 게 아니라 길에서 주워다 주머니

••• 목화로 만든 무명천. 튼튼한 무명은 옷감뿐만 아니라 초나 화약의 심지, 노끈, 낚싯줄, 그물 등 일상에서 두루두루 쓰였으며, 화폐 대용으로 쓰이기도 했다.

에 넣어왔으면 또 어떻습니까. 그렇다고 문익점의 공로가 빛이 바래지는 않을 겁니다.

문익점이 가져온 목화씨는 조선의 역사를 바꾸어놓았습니다. 목화는 한반도의 의생활 문화에 가히 혁명적인 발전을 안겨주었고, 지위 고하를 막론한 모든 사람이 혜택을 보았습니다. 물론 잘못된 선택으로 여러 번 위기를 겪기는 했지만, '하늘은 스스로 돕는 자를 돕는다'라는 말처럼 어쩌면 문익점의 행운은 그가 스스로 개척한 것이 아니었을까요?

라임양의 영상으로 만나는
럭키가이 문익점의 일생으로 살펴본 고려 말 이야기 ▶

03

콜럼버스는 진짜 신대륙을 발견한 걸까?

교과서에서 알려주지 않는
콜럼버스의 불편한 진실

"콜럼버스는 신대륙을 발견하고,
지구가 평평하다고 믿었던 당시 사람들에게
단호히 맞섰던 대담하고 위대한 모험가이자
도전정신으로 똘똘 뭉친 선구자였습니다."
어린이 위인전 크리스토퍼 콜럼버스 편에 나오는
이야기입니다. 과연 이 같은 이야기가 진실일까요?

콜럼버스가 과연 신대륙을 발견했을까?

'크리스토퍼 콜럼버스(Christopher Columbus)'라는 이름에서 떠오르는 이미지는 앞서 언급한 위인전 속 이야기와 크게 다르지 않을 겁니다. 물론 어린이 위인전은 아이들이 배울 점에 초점을 맞출 수밖에 없고, 복잡한 배경지식을 설명하기도 어렵겠죠. 하지만 누구나 알고 있는 콜럼버스의 이야기가 사실 역사라기보다는 신화에 가까울 정도로 교묘하게 편집되고 각색된 이야기라면 어떨까요?

우리 모두 콜럼버스가 신대륙을 '발견'했다고 교과서나 위인전을 통해 의심의 여지 없이 배웠을 겁니다. 하지만 콜럼버스에 대한 중대한 오류는 여기서부터 시작됩니다. 콜럼버스는 아메리카 대륙을 '발견'하지 않았습니다. 그가 대서양을 건너오기 훨씬 전, 적어도 12,000년 전부터 그곳에 원주민들이 살고 있었으니까요.

콜럼버스가 그들의 이름을 불러주기 전에 그들은 하나의 몸짓에 지나지 않았단 말인가요! 예를 들어, 우리 조상들이 수만 년간 한반도에서 잘살고 있었는데 어느 날 갑자기 외국인이 배를 타고 나타나 한반

••• 아담 노드웰의 이탈리아 상륙을 다룬 기사

도를 '발견'했다고 주장한다면 어떨까요? 그리고 전 세계가 이걸 당연한 역사적 사실로 받아들인다면 또 어떨까요? 아마 썩 유쾌한 일은 아닐 겁니다.

이 점을 풍자한 아메리카 원주민 아담 노드웰은 1973년에 이탈리아 로마를 방문했을 때, "콜럼버스가 가졌던 것과 같은 '발견의 권리'에 따라 이탈리아에 대한 소유를 선포한다"라며 그날을 '이탈리아의 발견일'로 지정하는 퍼포먼스를 벌였습니다.

그나마 다행인 것은 유럽과 미국의 역사 학계에서도 각기 다른 두 문명의 '만남'인 사건을 '발견'으로 불러온 서양 중심적 사관에서 탈피하려는 움직임이 일고 있습니다. 우리나라에서도 2000년대 이전에는 8개 중 7개 교과서에서 '신대륙', '발견' 등 서구 침략자 관점에서의 용어를 사용했는데, 다행히 이후 발간된 교과서에는 조금 더 중립적인 표현들이 많아졌다고 합니다. 하지만 이런 단어와 인식들이 여전히 통용되고 있다는 걸 부정할 수는 없을 겁니다.

어설픈 탐험가 콜럼버스

때는 1492년, 이탈리아 제노바 출신 크리스토퍼 콜럼버스는 스페인 남부의 항구도시 카디스에서 대서양을 가로지르는 두 달여 간의 항해 끝에 오늘날 중앙아메리카 북대서양에 위치한 바하마 군도에 도착합니다. 그리고 이 사건은 세계사에서 손꼽히는 대사건 중 하나로 기록됩니다. 독자적인 발전을 하던 유라시아 대륙과 아메리카 대륙은 콜럼버스의 항해 이후 하나로 묶이게 되었죠.

하지만 콜럼버스의 항해는 시작부터 순탄치 못했습니다. 배 한 척 빌리기도 만만치 않았죠. 그런데 우리가 읽었던 위인전에서는 성직자들을 비롯한 수많은 사람이 지구가 평평하다고 생각해 콜럼버스의 탐험에 반대했다는 식으로 묘사되어 있습니다. 아마 많은 이가 이렇게 알고 계실 겁니다.

그러나 역사학자 제프리 러셀(Jeffrey B. Russell)은 콜럼버스가 항해를 떠나던 시절에도 이미 지구가 둥글다는 사실은 토론할 가치도 없

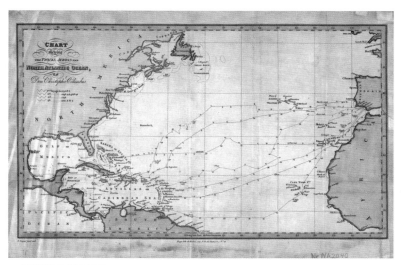

••• 콜럼버스의 항해 경로

••• 크리스토퍼 콜럼버스

을 만큼 확고부동한 사실로 널리 받아들여져 있었다고 말합니다. 중세 이전 사람들이 지구가 평평하다고 믿었을 것이라는 막연한 편견 혹은 잘못된 역사적 인식은 현대인들 사이에서 널리 퍼져 있는데, 러셀은 이런 현상을 '플랫 에러(flat error)'라고 명명했습니다.

지구 구형설은 이미 고대 그리스 시절부터 믿고 있었고, 기원전 3세기에 에라토스테네스가 지구 둘레도 제법 정확히 계산해낸 바 있습니다. 그 유명한 갈릴레오 갈릴레이의 재판 일화도 지구가 우주의 중심이라는 천동설에 대한 논쟁이었지, 지구 평면설에 대한 논쟁은 아니었습니다. 간혹 천동설과 지구 평면설을 같은 것으로 착각해 천동설을 믿던 사람들이 지구가 평평하다고 믿은 것으로 생각하는 사람들이 있는데, 지구가 둥글다는 건 그 시절에도 종교를 불문하고 기본 상식이었습니다.

갈릴레이 이전에 지동설을 주장했던 코페르니쿠스 또한 가톨릭 사제였는데, 르네상스 이후의 가톨릭 교단에서는 여러 수도회와 추기경끼리 토론을 하면서 새로 발견된 과학이론에 맞춰 기존의 종교이론을 수정하는 문화가 보편적으로 널리 퍼져 있었습니다. 유망한 과학자들의 최대 후원자이기도 했죠. 애초에 당대의 원양 항해기술 자체가 지구가 둥글다는 전제하에 발전한 것이었기에 지구 구형설은 뱃사람들에게는 토론할 가치도 없는 절대적 사실이었습니다.

당시 사람들이 콜럼버스의 탐험 계획에 퇴짜를 놓은 '진짜 이유'는 지구가 평평하다고 믿어서가 아니라 콜럼버스의 거리 계산법이 터무

니없이 틀렸기 때문이었습니다. 다시 말해 콜럼버스는 지구가 둥글다는 걸 증명하려고 탐험을 떠난 게 아니라, 어림도 없는 계산법으로 인도로 가는 신항로를 찾기 위해 떠난 것이죠.

콜럼버스는 어떻게 신화가 되었나?

우리가 어릴 적 읽었던 위인전에 등장한 '지구는 둥글다'라고 주장한 콜럼버스와 '바다 서쪽엔 낭떠러지가 있어 죽는 게 확실하니 못 간다'라고 맞붙은 다른 이들의 대결 구도는, 19세기 미국의 소설가 워싱턴 어빙(Washington Irving)이 쓴 『크리스토퍼 콜럼버스의 삶과 항해의 역사(History of the Life and Voyages of Christopher Columbus)』라는 책에서 처음 등장합니다. 어빙의 두 권짜리 소설과도 같은 이 전기에는 콜럼버스가 대담하고 진보적인 모험가로 그려져 있죠. 그런데 사실 전문 역사가들 사이에서 어빙은 '가짜 역사'를 다룬 저자로 더 유명합니다.

'사악하고 무식한 귀족들이 현명한 콜럼버스를 비웃자 달걀을 깨서 세우는 퍼포먼스를 벌이며 통쾌하게 복수했다'는 일화 또한 콜럼버스의 것이 아닙니다. 피렌체 두오모라는 별칭으로 더 잘 알려진 산타 마리아 델 피오레 대성당의 건축가인 필리포 브루넬레스키(Filippo Brunelleschi)의 이야기가 각색된 것입니다.

콜럼버스 이전에도 여러 번 아시아 탐험대를 조직해봤던 포르투갈이나 잉글랜드, 제노바 입장에서는 들도 보도 못한 평민 출신 탐험가가 말도 안 되는 계산법을 들먹이며 대규모 투자를 해달라고 떼쓰는 모양새였으니, 그를 사기꾼 혹은 얼간이로 생각하지 않는 게 오히려

••• 피렌체의 산타 마리아 델 피오레 대성당과 필리포 브루넬레스키

이상한 것이었죠. 그러니까 당시 콜럼버스를 반대한 사람들은 꽉 막힌 사람들이긴커녕 매우 합리적인 선택을 한 것이었습니다.

당대 사람들은 아메리카 대륙의 존재를 모르고 있었기 때문에 콜럼버스 일행이 대서양 방향으로 가다가 인도는 고사하고 아시아 대륙 끝자락에도 닿지 못한 채 바다 위에서 굶어 죽을 것이라고 생각했습니다. 그 당시 선박 규모나 항해기술로 보았을 때 이는 명명백백한 사실이었습니다. 콜럼버스의 산타 마리아호에 오른 1차 탐험대 선원들이 대부분 죄수로 구성된 이유도, 바다 경험이 많은 정규 선원들은 이런 어처구니없는 계획에 참여하기를 거부했기 때문이었죠.

그런데 이렇게 여러 군데서 퇴짜를 맞은 콜럼버스에게도 드디어 볕 들 날이 찾아왔습니다.

무지가 행운으로 이어진 콜럼버스의 탐험

후원자를 찾지 못해 고뇌하던 콜럼버스에게 스페인 여왕 이사벨 1세가 한 줄기 빛이 되어주었습니다. 하지만 앞서 말한 것과 같은 이유로 스페인에서도 이사벨 여왕을 제외한 모든 이가 콜럼버스를 지원하는 걸 반대합니다. 당시 스페인은 이베리아반도에서 이슬람 계통의 세력을 몰아내는 국토 회복운동 레콩키스타(Reconquista)를 막 완료한 상황이었습니다. 이를 통해 비(非)기독교인, 즉 유태인과 무어인을 대거 추방하게 되었는데, 당시 금융, 의료, 상공업 등 소위 전문직에 종사하던 이들을 국외로 대거 쫓아냈으니 그에 따른 사회경제적 영향력은 가히 파괴적이었습니다.

살림살이가 궁색해진 스페인은 이제 뭘 먹고살아야 하나 고민하던 중 짭짤한 수익을 올리고 있던 해상무역에 눈을 돌리게 됩니다. 하지만 동쪽의 지중해 무역은 이미 제노바, 베네치아 같은 이탈리아 도시국가들이 꽉 잡고 있었고, 서쪽은 포르투갈이 일찌감치 항해 왕자 엔리케를 필두로 서아프리카 지역과 대서양 모든 섬을 독점하고 있었죠. 이런 상황에서 이사벨 1세는 지푸라기라도 잡는 심정으로 이 사기꾼을 한 번 믿어보기로 했습니다. 여왕의 콜럼버스 지원은 '선견지명'이라기보다는 '도박'에 가까웠던 것이죠.

하지만 합리적이고 충성스러운 스페인 신하들이 이 사기꾼에게 순순히 국가 예산을 내어줄 리가 없었습니다. 결국 이사벨 1세는 아끼던 본인의 왕관까지 팔아가며 홀로 사비를 털어 콜럼버스를 지원했고, 결과적으로 여왕의 도박은 큰 성공을 거뒀습니다. 하지만 스페인이 '신대륙'에서 본격적인 수익을 올린 것은 한참 후의 일이기 때문에 여왕이 살아 있던 시절에는 별 이득을 보지는 못했습니다. 대신 콜럼버스 덕분에 역사에 길이 이름을 남기게 되었죠.

아무튼 우여곡절 끝에 스페인 카디스를 떠난 콜럼버스는 두 달여 만

••• 외젠 들라크루아, <콜럼버스의 귀환>, 1839

에 아메리카 대륙에 닿았고, 그곳의 원주민들과 마주치게 됩니다. 콜럼버스는 원주민들과의 만남을 이렇게 적고 있습니다.

"그들 중 몇 명에게 빨간 모자와 유리구슬 몇 개를 건네자 자기들 목에 걸었다. 거의 쓸모없는 다른 물건을 주어도 아주 즐거워했다. 신기하게도 그들은 우리를 친구로 대했고, 며칠 후 우리 배까지 헤엄쳐 와 앵무새, 무명실 타래, 창을 비롯해 가지고 있던 많은 것들을 가져왔다. 모두 선의로 한 일이었다."

실제로 원주민들은 콜럼버스 일행을 손님으로 맞아주었고, 물자와 정보를 제공해주었습니다. 무력 충돌도 거의 없었기에 그곳에서 평화롭게 지내던 콜럼버스 일행은 원주민들의 거나한 송별을 받으며 스페인으로 돌아갔습니다. 여기까지는 아름답고 훈훈한 이야기 같아 보이지만, 놀랍게도 콜럼버스는 이어서 이렇게 기록했습니다.

"그들은 무기를 다루는 데 아주 서툴렀다. 쉰 명으로도 쉽게 제압할 수 있을 것 같았고, 원하는 일도 전부 시킬 수 있어 보였다."

아니나 다를까 스페인에 도착한 콜럼버스는 전직 군인들을 대거 모집하여 대포, 칼, 갑옷 등 전투 장비를 갖추고 2차 원정을 떠납니다. 새로운 땅을 찾았다는 소식이 알려지자 선단의 규모도 무려 17척으로 늘어났습니다.

콜럼버스는 이후 3차 원정까지 거치는 동안 처음 만났던 아라와크족 사람들을 잡아다 노예로 팔고, 나머지 사람들은 모두 죽었습니다. 콜럼버스는 자신에게 투자한 이사벨 여왕에게 원정의 수익성을 증명해야만 했는데, 그가 발견한 곳은 그저 열대의 섬 몇 개에 불과했기 때문에 더욱 악랄하게 원주민을 착취할 수밖에 없었죠.

아메리카가 아메리카가 된 까닭은?

콜럼버스는 아메리카 대륙과 원주민들을 인도와 인도인으로 생각해 그들을 '인디오'라고 불렀습니다. 그는 죽을 때까지 자신이 발견한 땅이 아시아라고 굳게 믿었는데, 당시 사람들은 그곳이 아시아가 아니라는 것을 이미 과학적인 방법을 통해 알고 있었습니다. 앞서 말했듯이 이미 기원전 3세기에 지구의 대략적인 둘레를 알고 있었고, 또 마르코 폴로가 상세히 소개한 아시아 대륙의 눈부신 부와 문명은 그곳에 흔적도 없었으니 말이죠.

이후 모든 증거가 이곳이 인도도 중국도 아니라는 사실을 계속해서 보여주자, 콜럼버스는 굴하지 않고 마침내 '지구 구형론'까지 부정해 버립니다. 심지어 3차 원정 항해일지에 "지구는 구형이 아니라 배 모양인 것을 발견했다!"라고 적었습니다. 그가 언급한 배는 서양배로, 그러니까 지구가 사실은 호리병 모양이라는 거죠.

이런 말도 안 되는 주장은 당연히 사람들에게 외면당했고, 대다수의 유럽 지식인들은 아시아가 생각보다 넓거나 혹은 이곳이 아시아가 아닌 또 다른 대륙이 아닌가 하고 추론하기 시작합니다. 결론적으로 이번에도 지식인들이 맞았고, 콜럼버스는 틀리고 말았습니다.

어쨌거나 콜럼버스의 1차 항해 이후 몇 년 지나지 않아, 콜럼버스의 항로를 따라 신대륙에 가본 사람들이 여럿 나오기 시작했습니다. 그 중 '아메리고 베스푸치(Amerigo Vespucci)'는 여러 번 아메리카 대륙을 탐험하고 나서 이곳은 아시아가 아니라 새로운 대륙이라는 사실을 깨닫고선 네 쪽 분량의 작은 책자를 발행합니다.

이 작은 책의 이름은 『신세계(Nuovo Mund)』였습니다. 이 책은 유럽

••• 아메리고 베스푸치와 그의 책 『신세계』. 베스푸치의 사례를 보면서 '역사의 전환점을 만든 것은 발견 자체가 아니라 발견을 인식하는 것'이라는 역사학자 유발 하라리의 말을 다시 떠올리게 된다.

의 모든 언어로 번역되어 출판되었는데, 1507년에 독일의 지도 제작자인 마르틴 발트제뮐러가 새로운 지도에 신대륙을 포함시키면서, 아메리고의 이름을 따 신대륙을 '아메리카'라고 표기했습니다. 여전히 자신이 도착한 곳이 인도라고 주장하던 콜럼버스를 제치고, 하급 관리에 불과했던 아메리고 베스푸치가 이렇게 자신의 이름이 대륙에 붙여지는 영광의 주인공이 됐습니다. 우리가 알고 있는 '아메리카' 대륙은 이런 연유로 아메리카가 되었습니다.

콜럼버스의 이야기는 왜 각색되었을까?

그럼 콜럼버스의 이야기는 왜 이렇게 각색된 것일까요? 영문학자 조너선 갓셜(Jonathan Gottschall)은 『스토리텔링 애니멀(The Storytelling

Animal)』이라는 저서에서 이렇게 말합니다.

"현재 수정주의 역사가들은 미국의 역사 교과서가 더 이상 역사라고 할 수 없을 만큼 철저하게 각색되었다고 주장한다. 역사를 잊기로 한 것이다. 국가의 기억에서 부끄러운 내용을 지움으로써 역사를 하나로 통일된 애국적 신화로 만들고 싶은 것이다."

다시 말해 콜럼버스같이 만들어진 영웅 신화는 역사에 대한 객관적 설명을 위해서가 아니라 공동체를 하나로 결속시키기 위한 도구라는 설명입니다. 아마도 교과서에 '콜럼버스는 친절하게 대해주는 사람들을 노예로 만들고, 전염병을 퍼뜨려 그들을 몰살시켰다'라고 불편한 진실을 적어 놓는다면 이를 보고 좋아할 사람은 그다지 없을 겁니다. 어쩌면 우리 모두 콜럼버스가 용기 있고 담대하며 신대륙을 탐험했던 훌륭한 사람이었길 바라는 걸지도 모르죠.

세렌디피티(Serendipity)라는 단어가 있습니다. 의도치 않은 우연한 발견, 우연한 행운이라는 뜻으로 쓰입니다. 인류 역사에는 수많은 세렌디피티가 있었습니다. 콜럼버스의 성과도 세계사적으로 손꼽을 세렌디피티일 것입니다. 틀린 계산법으로 인도를 찾아 서쪽으로 향했지만 결과적으로 아메리카 대륙에 도착했으니 말이죠.

여러 과오와 비판에도 불구하고 콜럼버스는 당시 유럽인들의 세계관을 송두리째 바꿔놓고, 역사의 큰 물줄기를 바꾼 인물임이 틀림없습니다. 오랜 시간 서구인들의 시각으로, 또 그들의 바람을 담아 교묘하게 각색되고 재창조된 콜럼버스의 이야기. 이는 콜럼버스의 불편한 진실이기도 하지만, 사실 서양 중심적 사관의 불편한 진실이기도 합니다. 그를 어떻게 평가할지는 여러분 각자의 몫이겠죠.

콜럼버스보다 앞서 신대륙을 탐험한 사람들이 있다?

콜럼버스보다 약 500년이나 앞서 아메리카에 정착한 유럽인들도 있었습니다. 바로 바이킹이라는 이름으로 더 익숙한 노르드인입니다. 콜럼버스가 인도를 찾아 대서양으로 향할 때 그가 이 지역에 대해 아무것도 모른 채로 출발한 것은 아닙니다. 항로 개척으로 시끌벅적했던 포르투갈 리스본이나, 고래와 대구잡이로 유명했던 바스크의 빌바오에서는 서쪽 먼바다에 육지가 있다는 소문이 퍼져 있었습니다. 아이슬란드에서 전해져 내려오는 서사시인 「빈란드 사가」에도 그린란드 서쪽에 포도가 자라는 육지가 있다는 전설이 내려오고 있었죠. 특히 이 가운데 바이킹의 전설로 치부되던 '빈란드'는 1960년, 캐나다 뉴펀들랜드섬의 랑스오메도(L'Anse aux Meadows)에서 실제로 바이킹 유적들이 쏟아져 나오면서 사실로 밝혀졌습니다.

　바이킹이 살던 스칸디나비아는 북극과 가까워 토지가 척박하고 인구 부양력이 떨어졌습니다. 때문에 바이킹은 일찍부터 먼바다로 나가야 했고, 자연스럽게 뛰어난 선박 제조기술과 항해술을 갖추게 되었습니다. '바이킹' 하면 약탈과 해적질이 먼저 떠오르지만, 사실 평화적인 무역활동 또한 활발히 펼쳤습니다. 이들은 오늘날의 터키 이스탄불과 레반트 지역까지 진출했고, 아랍 상인들에게서 인도 향신료와 중국 비단을 구입하기도 했죠. 식량 확보를 위한 어업기술도 뛰어났는데, 그중 가장 주목할 만한 것은 대규모의 대구 떼를 발견하는 기술이었습니다. 노르웨이에서 아이슬란드, 그린란드를 거쳐 캐나다의 해안까지 이어지는 바이킹의 이동 경로가 북대서양 대구 서식지와 정확히 일치

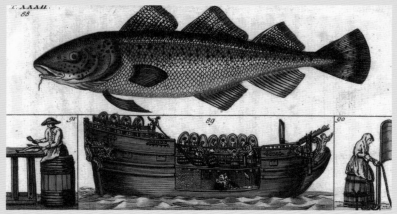

••• 대구와 대구잡이 배. 바이킹은 겨울철 바람에 말린 대구를 나무판자처럼 만들어 긴 항해 기간 동안 식량으로 사용했다.

하는 게 우연은 아닐 겁니다.

바이킹은 9세기 중엽부터 아이슬란드에 정착해 살기 시작하는데, 그중 '붉은 에이리크'라는 바이킹은 그린란드를 3년간 세밀하게 탐험한 끝에 남부 끝자락에 정착촌을 건설하는 데 성공했습니다. 이후 그린란드 정착촌은 노르웨이와 꾸준히 교류했고, 로마 가톨릭에 편입되어 이 지역에 그린란드 주교가 임명되기도 했죠.

붉은 에이리크의 아들인 '레이프 에이릭손'은 노르웨이에 갔다가 그린란드로 돌아가는 길에 기존의 항로에서 벗어나 먼 서쪽으로 가게 되었고, 그곳에서 알려져 있지 않던 새로운 육지를 발견하게 됩니다. 에이릭손은 본격적으로 탐험대를 조직해 북아메리카 대륙을 조사했는데, 그 결과 에이릭손 일행은 지금의 배핀섬, 래브라도, 그리고 오늘날 캐나다의 뉴펀들랜드 지역인 빈란드를 발견하게 됩니다.

뉴펀들랜드 일대는 한류인 래브라도 해류와 멕시코 만류가 만나는

지점에 있고, 평탄한 해저지형인 그랜드뱅크스 대륙붕이 있어 세계 최
대 수준의 어장이 발달해 있었습니다. 게다가 춥고 척박한 그린란드에
비해 따뜻하고 살기 좋은 땅이었습니다. 에이릭손 일행은 이곳에서 겨
울을 보낸 뒤 양질의 목재를 가득 싣고 그린란드로 돌아갔고, 그의 이
야기를 들은 많은 바이킹이 빈란드로 이주를 결심합니다.

　1960년, 빈란드의 정착촌이었던 랑스오메도에서 집터, 냄비, 난로,
녹슨 못, 대장간 터, 화덕 등 바이킹 유적들이 대거 발견되었습니다.
방사능 탄소측정 결과 이 물건들의 제작 연대는 약 1000년경으로 에이
릭손이 빈란드를 탐험한 시기와 일치하는 것으로 밝혀졌습니다.

　그전부터 여러 학자들이 「빈란드 사가」의 내용이 자세하고 구체적이

••• 뉴펀들랜드 빙하. 뉴펀들랜드도 1년 중 8개월은 빙하가 떠다니는 추운 곳이지만 그린란드보다는
따뜻한 곳이다.

었기 때문에 빈란드가 실제로 존재했다고 믿었습니다. 빈(Vin)이라는 단어가 유럽의 여러 지역에서 포도주라는 의미로 쓰이고, 원전에서도 '포도가 자랄 만큼 따뜻한 땅'이라고 언급했던 것을 근거로 삼아 학자들은 빈란드가 더 남쪽에 있는 지역일 것으로 생각했지만 발견하지 못하고 허탕을 쳤습니다. 하지만 헬게 잉스타드 박사는 '빈'이 고대 바이킹어로 '풀'이라는 것을 알아낸 뒤 아이슬란드에서 가까우면서도 초지가 많은 캐나다 북부 래브라도부터 탐사를 시작해 마침내 랑스오메도에서 빈란드 유적지를 발견해낸 것이죠.

안타깝게도 빈란드의 정착촌은 그리 오래가지 못한 걸로 보입니다. 뉴펀들랜드와 그 일대에서 발견되고 있는 유물들을 통해 원래 이곳에 살던 아메리카 원주민과 교전이 있었을 것이라 추정하고 있습니다. 바이킹의 항해술은 뛰어났지만, 좁고 긴 롱보트 형태의 배로는 충분한 인력과 물자를 수송해 오기가 어려웠고, 궁색하기 마찬가지였던 그린란드 또한 빈란드 정착촌을 지속적으로 지원해줄 여력이 없었습니다.

••• 캐나다 랑스오메도의 빈란드 유적지

대구 어장을 찾아다니다
북아메리카 대륙을 발견한 바스크인

대구는 미지의 대륙에 대한 또 다른 전설을 만들어내기도 했는데, 바로 바스크의 어부들 이야기입니다. 스페인과 프랑스 접경지에서 대서양과 마주하고 살던 바스크인들은 오래전부터 고래잡이를 생업으로 삼았습니다.

하지만 연안에서 고래 개체 수가 급감하자 점점 더 먼바다로 진출하기 시작했고, 1400년경에 고래 떼를 쫓다가 엄청난 규모의 대구 어장을 발견하게 되었습니다. 이곳에 대구가 얼마나 많은지 양동이로 퍼서 잡아도 될 정도라는 이야기가 돌았습니다. 바스크인들은 이 대구를 소금에 절여 전 유럽에 공급하며 돈방석에 앉았습니다. 그 후로도 대구 어장의 위치는 100년이 넘는 시간 동안 바스크인들만 알고 있던 비밀 정보였습니다.

먼 훗날인 1534년, 프랑스 탐험가 자크 카르티에가 북아메리카 일대를 탐험했는데 이때 바스크인들의 비밀이 밝혀졌습니다. 뉴펀들랜드 연안에서 무려 1천여 척에 달하는 바스크 어선들이 대구 조업을 하고 있었던 것이죠. 아쉽게도 기록으로 남아 있지는 않지만 이를 바탕으로 바스크인들이 콜럼버스 이전에 이미 아메리카 대륙의 존재를 알고 있지 않았나 추정하고 있습니다.

이렇게 콜럼버스가 탐험을 결심한 15세기 후반에는 이미 바스크산 절인 대구가 전 유럽에 퍼져 있었고, 이런 천혜의 어장과 미지의 대륙 이야기는 호사가들 사이에 오르내렸습니다. 콜럼버스 자신도 항해일지에, 이름 모를 이에로섬 사람이 카나리아 제도 서쪽 먼 곳에서 육지를 보았다고, 마데이라 출신의 선원은 포르투갈 국왕을 찾아가 자신이 본 육지를 언급하며 지원을 요청했다고 적은 바 있습니다.

이렇게 당시 풍문으로 떠돌던 여러 가지 이야기가 아마도 콜럼버스가 서쪽으로의 항해를 결심하는 데 큰 이유가 되지 않았을까요?

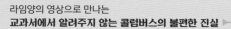
라임양의 영상으로 만나는
교과서에서 알려주지 않는 콜럼버스의 불편한 진실 ▶

04

『하멜 표류기』는
밀린 급여를 받기 위한
청구서였다?

은둔의 왕국
조선과 만난 하멜

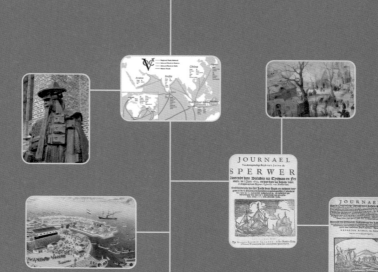

낯선 이방인으로 제주도에 표류해
만 13년을 살았던 네델란드인 헨드릭 하멜.
세밀한 시선으로 그가 바라본
조선 땅의 모습을 담은 기록물이
『하멜 표류기』라고 알고 있을 겁니다.
그러나 이 책은 하멜이 조선에 억류되었던 동안
밀린 급여를 받으려고 제출한
보고서라는 사실 알고 있었나요?

하멜, 난파로 시작된 조선과의 만남

"1653년 여름, 네덜란드 동인도회사 소속 스페르베르호는 바타비아(지금의 인도네시아 자카르타)에서 일본 나가사키로 항해하던 도중 태풍을 만나 난파되어 버립니다. 가까스로 살아남은 36명의 선원들은 파도에 휩쓸려 어느 해안가로 떠내려왔습니다. 그들 앞에 낯선 옷차림과 머리매무새의 사람들이 나타났지만, 선원들을 보자마자 그들은 말을 걸 새도 없이 도망쳐버렸습니다. 다음 날 아침, 무장한 군사들이 이 선원들을 에워싼 채 어디론가 끌고 갔습니다. 그들 가운데 스물세 살의 한 청년이 있었습니다. 문맹이었던 다른 선원들과 달리 그는 글을 쓰고 읽을 줄 알았는데, 바로 동인도회사에 서기로 고용된 인물이었기 때문입니다. 청년은 낯선 곳에서 겪은 사건들을 기록하기 시작합니다. 그곳에서 무려 13년이 넘는 세월을 보낼 것이라고는 생각지 못한 채 말이죠."

아마도 앞선 이 이야기가 많은 이들이 알고 있는 『하멜 표류기』의 탄생 배경일 겁니다.

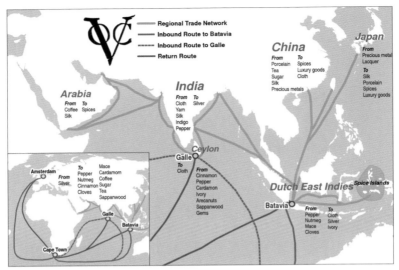

●●● 바타비아를 거점으로 한 네덜란드 동인도회사의 주요 무역 루트

　하멜이 제주도에 표류하게 되던 시기의 국내외 정세는 이러했습니
다. 17세기 네덜란드는 대항해 시대를 거치며 무역과 금융업으로 세
계에서 가장 부유한 나라가 되었습니다. 거대 자본을 바탕으로 인도네
시아에 설립된 동인도회사는 싱가포르와 일본, 스리랑카, 중국 광저
우, 페르시아 등에도 지부를 두고 막대한 무역 수익을 올리고 있었죠.
하지만 조선은 코레아(Corea)라는 이름을 제외하곤 알려진 게 거의 없
는 나라였습니다.

　한편 당시 조선은 효종의 재위(在位)기였습니다. 병자호란 이후 청
나라에서 볼모 생활을 했던 효종은 북벌을 핑계로 군사력을 기르고 왕
권을 강화시키고자 했습니다. 서양과의 직접적인 교류는 없지만 청
나라의 요청으로 함께 러시아를 공격했던 '나선 정벌' 등을 거치며 서

양의 앞선 화약무기 수준을 인지하고 있었죠. 또한 남부지방을 중심으로 모를 옮겨 심는 이앙법이 보급되어 부양력이 늘면서 인구수가 크게 증가하기 시작했고, 유교는 더욱 더 보수화되고 있었습니다.

하멜의 조선 정착 잔혹사

하멜은 그의 책에 조선인에 대한 첫인상을 이렇게 적었습니다.

"그들은 중국식 복장을 하고 있었지만, 머리엔 말총으로 짠 모자를 쓰고 있었다. 해적의 본거지나 본토에서 추방된 중국인들이 사는 곳에 왔을지도 모른다는 생각에 우리는 모두 겁을 먹었다."

반대로 제주목사 이원진이 왕에게 보고하기 위해 썼던 장계에도 하멜 일행의 외모에 대한 묘사가 있습니다.

"이들은 파란 눈에 코가 높고 노란 머리에 수염이 짧았는데, 구레나룻은 깎고 콧수염만 남긴 자도 있었습니다."

조정에서는 갑자기 떠내려온 36명의 선원들을 파악하기 위해 통역 겸 조사원으로 '박연'이라는 인물을 제주로 내려보냅니다. 그는 하멜보다 앞서 조선에 귀화한 네덜란드인 '얀 야너스 벨테브레'였습니다. 벨테브레는 1627년 우베르케르크호를 타고 역시나 일본 나가사키를 향해 가던 중 제주도에 표착되었고, 다른 네덜란드 동료 두 명과 함께 서울로 호송되었습니다.

당시 조선은 통교하고 있는 국가 중 접경 국가 출신의 표류자는 직접 송환하고, 그렇지 않을 경우 무조건 명나라로 보내 조치를 의탁하는 것이 관례였습니다. 그러나 당시 중국은 명청 교체기를 보내며 혼란스러운 상황이었습니다. 이에 조선은 일본에 대신 송환을 의탁하려 했지만 일본 또한 그가 기독교인이라는 이유로 거절했고, 결국 조선은 벨테브레의 송환을 포기해버렸죠.

울며 겨자 먹기로 조선에 정착하게 된 벨테브레는 조선 최초의 귀화인이자 관직을 받은 최초의 서양인이 되었습니다. 그는 지금의 수도방위사령부 격인 훈련도감에서 일하게 되었는데, 그가 병법에도 재주가 있어 대포를 정교하게 만들었다는 기록이 남아 있습니다. 병자호란과 정묘호란으로 정세가 혼란스럽던 조선에서도 서양의 최신 군사기술을 보유한 벨테브레가 꼭 필요한 상황이었죠.

그렇게 조선 땅에서 26년을 보낸 1653년, 벨테브레 앞에 하멜 일행이 나타났던 것입니다. 하멜 일행과 벨테브레는 서로를 보고 깜짝 놀랐습니다. 벨테브레는 네덜란드어를 거의 잊어버려 의사소통에 어

••• 벨테브레의 고향 네덜란드 더레이프에 세워진 그의 동상

려움이 있었지만 하멜 일행과 한 달가량을 지내며 모국어를 회복했다고 기록에 적혀 있습니다. 『하멜 표류기』에서는 별다른 언급이 없어 이들이 마치 사무적인 얘기만 나눈 것처럼 적혀 있지만, 조선 측에는 벨테브레가 하멜 일행을 만났을 때 옷깃이 다 젖도록 펑펑 울었다는 기록이 남아 있습니다.

벨테브레는 하멜 일행에게 고국으로 돌아가기는 힘들테니 조

선에 정착해보라고 설득합니다. 그럼에도 불구하고 하멜 일행 중 일부가 어부의 배를 빼앗아 탈출을 시도했으나, 조선 배를 다뤄본 적 없던 그들은 얼마 못 가 잡히고 말았습니다.

벨테브레의 조사에 따르면 하멜 일행은 일반 선원, 포수, 조타수, 항해사, 요리사 등 직업이 다양했습니다. 이들이 타고 있던 표류선에는 여러 크기의 화포, 조총 같은 무기류와 은 600냥, 모래시계, 망원경, 거울 등 첨단 서양 물품이 있었습니다.

탈출에 실패하고 서울로 압송된 하멜 일행은 효종을 알현한 자리에서 일본으로 가게 해달라고 간청했으나 회의 끝에 기각되고 말았습니다. 오히려 효종은 이들을 한양으로 불러들여 훈련도감에 배치했습니다. 서양 화포술을 가지고 있는 사람들을 적극적으로 이용하려는 심산이었죠. 몇몇은 왕의 호위무사로 일하게 되었는데, 체격이 우람해 왕의 권위를 높여주는 좋은 본보기가 되었다고 기록되어 있습니다. 또한 조정에서는 그들에게 호패를 나눠주고 조선식으로 이름도 지어주었습니다. 특이하게도 그들은 모두 '남(南)'씨 성을 하사받았는데, 당시엔 네덜란드인을 포함한 모든 서양인을 모두 남만인(南蠻人)이라 불렀기 때문이죠.

효종이 베푼 환영 잔치에서 하멜 일행도 네덜란드식 노래와 춤을 선보였는데 이 소문이 퍼져서 대감집에 초청받기도 하고, 몇몇은 지방에 순회공연을 다니기도 했습니다. 별다른 오락거리가 없던 시절, 36명이나 되는 서양인 하멜 일행은 큰 구경거리였을 겁니다. 하멜은 "골목길조차도 제대로 다닐 수 없었고, 어디를 가나 구경꾼들 때문에 편하게 쉬지를 못했다"라고 적은 바 있습니다.

한편 하멜 일행은 외국인 지역에서 조선에 귀화한 중국인들 집에 얹

혀살게 되었는데, 어지간히 구박받고 살았나 봅니다. 겨울이 되면 중국인들이 장작을 해오라고 성화여서 추위 속에 5km를 걸어 장작을 구해왔다는 기록도 남아 있습니다.

이들이 표착한 지 2년쯤 지난 1655년 3월, 조선에 왔던 청나라 사신이 돌아가는 길에 큰 소동이 벌어집니다. 숨어 있던 두 명의 네덜란드인이 청나라 사신 행렬에 뛰어들어 고국으로 돌아가게 해달라고 간청하는 일이 벌어진 거죠. 그들은 그 자리에서 체포되어 수감되었고, 나머지 하멜 일행 또한 곤란한 상황에 빠졌습니다. 물론 이 사건은 조선에게도 굉장히 난처한 일이었습니다. 청나라는 아직 중국 대륙을 완전히 장악하지 못하고 있었기 때문에 조선과 명나라 잔존 세력과의 접촉, 그리고 조선의 군사력 확충을 경계하고 있었습니다. 이러한 시기에 하멜 일행의 등장은 청나라 입장에서 조선이 서양인을 대거 영입해 군사력을 증강하고 있다고 의심받을 수 있을 만한 상황이었던 것이죠.

청나라 사신에게 뇌물을 써가며 가까스로 사태를 수습한 조정에서는 하멜 일행을 모두 죽여야 한다는 주장이 힘을 얻고 있었습니다. 앞서 죽기만을 기다리던 이들은 때마침 처소를 지나는 효종의 동생 인평대군을 붙들고 울며불며 사정했죠. 다행인 것은 효종 또한 청나라 볼모 생활을 경험했던 터라 하멜 일행에게 호의적인 편이었습니다. 결국 이들은 청나라 사신의 눈에 뜨일 위험이 없는 전라도 강진의 병영으로 유배가는 것으로 간신히 목숨을 부지하게 됩니다. 하멜도 왕과 그의 동생 덕에 겨우 목숨을 보전했다고 기록을 남겼습니다.

36명의 하멜 일행 가운데 한 명은 서울 압송 중에, 두 명은 청나라 사신에게 도움을 청한 이유로 옥살이를 하던 중에 사망했습니다. 살아남은 33명의 하멜 일행은 강진으로 가 비교적 평온하게 지냈습니다.

••• 에이브러햄 혼디우스, 〈얼어붙은 템스강〉, 1677. 17세기 전 세계를 뒤덮은 소빙하기는 조선의 경신 대기근을 비롯해 세계 각지에서 일어난 기근과 민란의 직간접적 원인이 되었다.

각자 처소를 잡고 생활했고, 마을 사람들과도 잘 어울려 지냈습니다. 한 명은 조선 여자와 결혼도 했죠. 특히 피차 차별받는 처지였던 승려들과 잘 지냈다고 합니다. 하지만 이들은 전국적으로 찾아온 기근에 다 같이 가난에 시달려야 했습니다. 옷이 해질 정도로 잡역을 하고 나무를 해다 팔며 생계를 해결했고, 탁발승처럼 먹을 것을 구걸하러 다녀야 했습니다.

　이는 17세기에 전 세계적으로 찾아온 소빙하기 때문이었습니다. 한 반도에서도 동해가 얼어붙고 한여름에도 서리가 내릴 정도였습니다. 하멜도 이런 추위를 기록으로 남겼는데, 1662년에는 눈이 어찌나 많이 왔던지 집과 나무가 모두 눈에 파묻혀 사람들이 굴을 뚫고 다녔다고 적었을 정도입니다. 땅끝 전라남도에서 말이죠. 이상 기후로 인한 기근이 몇 해를 이어갔는데, 하멜 일행도 7년 동안 11명이 죽을 만큼 고통을 겪었습니다. 살아남은 나머지 일행은 각자 살길을 찾아 여수, 나주, 순천 등으로 뿔뿔이 흩어졌죠.

또한 하멜 일행에게 우호적이었던 효종이 사망하고 뒤를 이어 현종이 즉위하게 되었습니다. 현종은 즉위와 동시에 예송논쟁에 휘말리면서 하멜 일행은 자연스럽게 조정의 기억에서 멀어지게 됩니다. 예송논쟁은 1659년에 효종이 사망하자 계모인 자의대비가 상복을 몇 년 입어야 하느냐를 두고 서인과 남인 간에 벌어진 정치적 분쟁입니다. 표면적으로는 복식을 두고 벌어진 논쟁이지만, 현종의 정통성과 성리학의 근간을 정의하는 논쟁이기도 했습니다.

하멜, 조선 탈출을 시도하다

당시 하멜은 전라 좌수영이 있던 여수에 있었는데, 새로 부임한 좌수사는 하멜 일행에게 우호적이지 않았습니다. 하멜 또한 새로 부임한 좌수사가 자신들을 뜯어먹을 궁리만 하고 있다고 불평했죠. 좌수사의 횡포로 하멜 일행 중 8명은 또다시 탈출을 감행하게 되는데, 어설펐던 이전의 시도와는 달리 아주 치밀하게 계획했습니다. 우선 이들은 그동안 모아둔 돈을 털어 배를 구하려 나섰습니다. 그러나 사람들의 의심 때문에 거래가 깨지기 일쑤였고, 몇 배의 웃돈을 주고서야 간신히 작은 어선을 구할 수 있었습니다.

탈출할 수 있는 물때를 기다리던 하멜 일행은 1666년 9월 4일 새벽, 달이 지는 어두운 시간을 틈타 배를 띄웠습니다. 배는 순풍을 따라 남쪽으로 향했고, 나흘이 지난 9월 8일에 목표지점이던 일본 규슈의 해안가에 다다르게 됩니다. 처음 제주도에 표착한 지 13년 28일 만이었습니다.

하멜 일행이 도착한 일본 나가사키의 관리는 하멜 일행에 대한 정보와 더 나아가 조선의 군사, 선박, 무역 정보 등 세세한 핵심 기밀들을 단 하루 만에 54개의 정돈된 질문으로 얻어냅니다. 당시 나가사키에는 조난된 외국인이나 귀순자를 대하는 구체적인 대응 체계가 존재했던 것으로 추정됩니다. 하멜 일행이 13년 넘게 조선에 억류되어 있었지만 조선은 이들이 가지고 있는 지식과 기술에 큰 관심이 없었고 별다른 정보도 얻지 못한 것과 비교되는 대목입니다.

일본은 이들이 기독교 선교사들이 아니라는 것을 확인한 뒤 나가사키의 외국인 체류 지역 데시마에 머물도록 했고, 이후 하멜 일행은 그리운 고국 네덜란드로 돌아가게 됩니다. 네덜란드는 일본을 통해 그때

••• 나가사키 데지마. 쇄국정책을 펴던 에도 막부가 기독교 포교 금지를 목적으로 만든 부채 모양의 인공섬이다. 1859년까지 일본과 네덜란드가 교류한 유일한 장소였다.

까지 조선에 살아 있던 네덜란드인 8명의 송환을 요청했고, 이후 나머지 일행도 고국으로 돌아가게 됩니다. 조선 조정은 송환 요청을 받을 때까지도 네덜란드인들이 탈출했다는 사실을 알지 못했죠.

밀린 급여를 받기 위한 청구서 『하멜 표류기』

•••유럽에서 출간된 『하멜 표류기』

사실 『하멜 표류기』는 하멜이 동인도회사를 상대로 조선에 거주했던 만 13년 동안의 임금을 청구하려고 쓴 보고서입니다. 실제로 『하멜 표류기』를 읽어보면 책에 적힌 고생스러운 사건들을 당사자로서 직접 체험했다는 게 믿기지 않을 만큼 객관적으로 서술되어 있습니다. 오죽하면 '영수증을 읽는 것 같다'라는 후세 학자들의 평도 있으니까요. 실제로 보고서로 작성되었으니 납득이 되는 부분입니다.

『하멜 표류기』는 크게 「표류기」와 부록 「조선 왕국기」로 나뉘어 있는데, 「표류기」는 네덜란드를 떠난 이후부터 조선에서의 억류 생활을 기록한 일지이고, 「조선 왕국기」는 조선의 정치, 경제, 외교, 지리, 교육, 종교 등 조선에 대한 각종 정보를 기록해둔 부록입니다. 이는 서구인의 시각에서 본 17세기 조선의 모습이 담겨 있는 귀중한 자료입니다. 다만 조선 입장에서는 다소 억울할 만큼 비우호적으로 서술되어 있는

데, 하멜 입장에서는 자신이 이렇게나 고생했고 힘들게 탈출했다는 걸 강조해야 더 많은 돈을 타낼 수 있었을 테니 너무 서운할 필요만은 없을 것 같습니다.

1668년에 보고서를 바탕으로 한 『하멜 표류기』가 정식으로 출판되자 순식간에 영어, 프랑스어, 독일어 등으로 번역되며 엄청난 인기를 끌게 되었습니다. 이 때문인지 동인도회사는 '배가 침몰하면 임금을 주지 않는다'는 관례를 깨고 하멜에게 그간 밀렸던 13년 치의 봉급을 지급했습니다.

역사가 바뀔 수 있었던 순간들

책의 출간으로 조선에 대한 관심과 이해도가 높아지면서, 동인도회사 최고 의사 결정기관인 '17인 위원회'는 당시 건조 중이던 쾌속선의 이름을 '코레아(Corea)'호로 명명합니다. 왜 이름을 코레아호로 지었는지에 대해서는 자세히 기록되지 않았는데, 이후 항해일지 등을 통해서 조선과의 직교역을 위해 건조한 것으로 추정하고 있습니다.

물론 철저하게 이익에 따라 움직이던 동인도회사가 일개 선원의 보고서 하나로 코레아호를 만들지는 않았을 것입니다. 17세기 당시 동북아시아 바다에는 조선과 접촉하려던 유럽 국가들의 범선들이 출몰하고 있었습니다. 네덜란드는 하멜이 표류하기 약 40년 전쯤에 이미 조선 일대를 탐사할 원정대를 꾸렸습니다. 이름하여 무려 '보물섬 원정대'였죠. 그 당시 선원들 사이에는 사람들뿐만 아니라 짐승들까지도 금은보화를 두르고 다니는 보물섬이 태평양 어딘가에 있다는 전설이

••• 1626년 유럽에서 제작된 세계지도. 조선(Corea)은 섬으로 표시되어 있다.

오래전부터 전해지고 있었습니다. 당시 유럽에서 사용하던 지도를 살펴보면 공교롭게도 조선은 섬으로 묘사되어 있습니다. 조선의 존재는 알고 있었지만 그 외에 자세한 정보가 없던 유럽에서는 조선이 금과 보석이 넘쳐나는 부국이라고 생각했습니다.

한편 조선은 강력한 해금(海禁) 정책을 펼쳤습니다. 조선을 드나들 수 있는 외국 배는 특별 허가를 받은 일본 선박뿐이었습니다. 조선과 일본 간 무역은 쓰시마가 독점했고, 네덜란드는 이 무역을 그저 지켜볼 수밖에 없었습니다. 1630년대 동인도회사 아시아 총독이던 자크 스펙스는 "쓰시마 사람들은 조선과 일본에서 각각 물건을 사다가 상대국에 세 배의 가격으로 내다 팔고 있다. 이 무역을 우리가 한다면 많은 이득을 볼 것이다"라고 기록했습니다. 자세한 조선의 사정을 알기 전이지만 이런 구체적인 무역관계 정보까지 파악하고 있었던 것이죠.

1639년 6월 '보물섬 원정대'는 조선의 금은과 바꿀 비단, 면, 향료 등을 싣고 바타비아를 출발합니다. 하지만 태평양에서 풍랑을 만나 실패하게 되죠. 1642년, 1643년에도 2차, 3차 원정대가 재차 출발하지만 안타깝게도 모두 실패하고 말았습니다.

네덜란드뿐만 아니라 당시 해상 강국으로 발돋움하고 있던 영국도 조선과의 접촉을 시도합니다. 1614년, 영국 동인도회사의 에드워드 사리스는 조선과 조선의 교역 가능 물품에 대한 조사를 시작합니다. 먼저 쓰시마에 도착한 사리스는 조선과의 직교역을 요청했지만 거절당하고 말았습니다. 이후 영국은 독자적으로 조선으로 향한 것으로 보이는데, 이수광이 편찬한 『지봉유설』에는 "영길리국(잉글랜드)의 배가 전라도 흥양(지금의 전라남도 고흥)에 나타나 충돌을 빚었다"라는 기록이 있습니다. 하지만 구체적인 계획 없이 무작정 조선과 접촉하려 했던 영국의 시도는 결국 실패로 끝나고 맙니다. 이후에도 영국 사신단이 에도에 머물 때 조선통신사와 접촉할 기회가 여러 번 있었지만, 조선과 무역을 독점하던 쓰시마 번주의 지속적인 방해로 만남이 성사되지 못했습니다.

'보물섬 탐사대' 이후 30년이 지난 1669년, 조선에 대한 관심에 힘입어 네덜란드를 떠난 코레아호는 바타비아에 도착합니다. 조선에 대한 환상을 갖고 있던 본토 이사회와는 달리 현지 네덜란드 상인들은 조선과의 무역에 매우 회의적이었습니다.

당시 동인도회사의 이윤에서 가장 큰 지분을 차지한 것이 바로 일본과의 교역이었는데, 일본은 만약 네덜란드가 조선과 직교역을 하면 무역관계를 끊겠다고 엄포를 놓은 것이었죠. 또한 조선은 가난한 농업국가로 교역물품이 적다고 회유합니다. 일본과의 마찰을 감수해가며 조선과 무역관계를 열 것인지 고민하던 네덜란드는 결국 일본과의 무역을 선택합니다. 물론 당시 조선도 강력한 해금 정책을 펼치고 있어 네덜란드 상선대가 교역에 성공했을 거라고 장담할 수는 없습니다.

이렇게 조선은 17세기 무렵 서양과 직접 교류할 기회가 여러 번 있었지만 번번이 어긋나게 됩니다. 이후 조선의 해상에서 자취를 감춘 서양 세력은 200여 년 뒤 총포로 무장한 전함으로 다시 조선을 찾게 됩니다. 그 이후의 역사는 잘 알려져 있죠. 만약 17세기 조선이 서양 세력과 마주했다면 우리 역사는 어떻게 바뀌었을까요?

라임양의 영상으로 만나는
은둔의 왕국 조선과 만난 하멜 ▶

05

편의점에서도 살 수 있는 마약이 있다?

코카콜라의 역사 그리고
기상천외한 특허약과 음료들

이번에는 어쩌면
당신이 오늘도 마셨을지 모를
코카콜라의 탄생 비화와
지금은 상상조차 힘든 기상천외한
음료에 관한 이야기입니다.

코카콜라는 왜 Coca-Cola가 되었나?

세계에서 가장 유명한 음료로 꼽히는 코카콜라(Coca-Cola)는 단어 그대로 '코카(coca)'와 '콜라(cola)'가 합쳐져 만들어진 이름입니다. 이 가운데 '코카'는 그 이름도 유명한 마약 '코카인(cocaine)'을 추출하는 나무의 명칭입니다.

코카나무는 페루, 볼리비아, 칠레 등 남미가 원산지로, 말린 잎에서 코카인을 비롯한 여러 마약 성분을 추출합니다. 남미에서는 아주 오래전부터 코카 잎이 육체노동을 하는 일꾼들의 강장제, 고산병 치료제로도 쓰였습니다.

이러한 코카 잎이 처음 유럽에 소개된 것은 1532년 무렵입니다. 프란시스코 피사로(Francisco Pizarro)가 이끄는 스페인 군대가 잉카제국을 정복하면서, 이때 남미를 찾게 된 스페인의 의사와 선교사 등을 통해 코카 잎이 유럽으로 전해지게 되었습니다.

당시에 페루 산골 마을에 들렀던 스페인 사람들은 현지 주민들이 너나 할 것 없이 코카 잎을 씹는 모습을 지켜보게 되었는데요. 그들은 피

••• 남미가 원산지인 코카나무. 잎을 정제해 코카인 성분을 추출한다.

로와 배고픔을 잊기 위해 매일 이 코카 잎을 석회나 재와 함께 껌처럼 씹었다고 합니다. 이 모습을 지켜본 스페인 사람들의 눈에 코카 잎이 신묘한 약처럼 보였던 건 당연한 순서였겠죠.

하지만 당시에는 저장 및 운송 기술이 한참 부족했기 때문에 싱싱한 코카 잎이 대량으로 유럽에 온전한 상태로 전해지기는 힘들었습니다. 코카가, 아니 그보다 코카인이 지금과 같은 유명세를 치르기 시작한 것은 이로부터 300년이 훨씬 지난 후의 일입니다.

코카인, 기적의 물질로 태어나다

코카인이라는 성분을 얻기 전에도 남미 대륙에서 코카나무는 모두에게 행복을 가져다주는 부적과도 같은 식물이었습니다. 심지어 양손에 코카나무 잎줄기를 들고 있는 모습으로 잉카의 신을 묘사할 정도였으니까요.

이런 남미 지역의 만병통치약이자 주민들의 생활필수품에 가까웠던 코카 잎이 코카인으로 대변신을 꾀하게 된 것은 바로 과학의 발전 때문이었습니다.

1855년, 독일의 화학자 프리드리히 게드케(Friedrich Gaedcke)가 마침내 코카 잎에서 유효 성분을 추출하는 데 성공합니다. 이후 괴팅겐 대학교의 알베르트 니만(Albert Niemann) 박사가 이 성분을 코카인이라고 이름 짓게 됩니다.

이후 독일군 병사들을 대상으로 코카인으로 임상 실험도 하게 됩니다. 코카인을 흡입한 병사들의 피로 회복력이 높아지는 결과를 얻게 되자 유럽인들 사이에서는 기적의 물질처럼 여겨지며 선풍적인 인기를 끌게 됩니다.

이 같은 인기에 힘입어 1863년에는 심지어 코카인을 함유한 음료가 세상에 선보이게 됩니다. 코카콜라의 원조 격이라 불리는 마리아니 와인(Vin Mariani)이 바로 그 주인공입니다.

이것은 와인인가, 마약인가

프랑스의 화학자이자 약사 안젤로 마리아니(Angelo Mariani)는 1863년부터 자신의 이름을 딴 마리아니 와인을 만들어 팔기 시작했습니다. 프랑스 보르도산 레드와인 1L당 코카인을 약 250mg 섞어 만든 이 와인에 특허까지 낸 마리아니는, 이 술이야말로 피로를 풀어주고 기운을

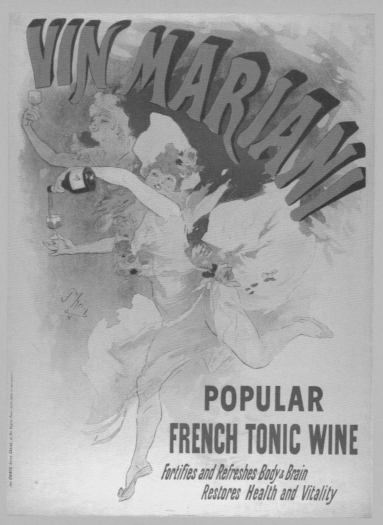

••• 마리아니 와인의 광고 포스터. 코카인을 함유한 코카 와인의 원조격이자, 코카콜라가 탄생하게 된 배경이 된 술이기도 하다.

북돋는 최고의 강장제라며 적극적으로 홍보했습니다.

이 와인을 한번 마셔본 사람들은 코카인이 주는 특유의 각성 효과에 빠르게 중독되었고, 결국 마리아니 와인은 순식간에 세계 각지로 팔려나가게 됩니다. 이에 엄청난 부를 쌓게 된 마리아니는 더 큰 홍보 효과를 위해 유명 인사들의 시음 경험담을 광고에도 사용했습니다. 음료를 무료로 제공하고 그 대가로 후기를 광고에 사용하게 된 것이죠.

••• 교황 레오 13세의 마리아니 와인에 대한 극찬을 담은 홍보 포스터

그렇게 해서 알려진 마리아니 와인 애호가들의 면모는 화려하기 그지없습니다. 영국의 빅토리아 여왕을 비롯해, 교황 레오 13세, 러시아 황제 니콜라스 2세, 미국 대통령 율리시스 그랜트, 발명가 에디슨 같은 당대 최고로 꼽히는 저명인사들의 극찬이 광고에 그대로 실렸습니다. 특히 교황 레오 13세는 마리아니에게 '인류의 은인'이라는 칭호를 내리고 이 술을 만든 공을 치하하고자 황금 훈장을 수여할 정도로 마리아니 와인의 대표적인 애호가였습니다.

이렇게 마리아니 와인이 가늠할 수 없는 인기를 끌자 코카인을 넣어 비슷한 효과를 낸 모방 상품들이 쏟아져 나오기 시작합니다. 그중 하나가 바로 현존하는 음료계의 일인자 '코카콜라'입니다.

코카+콜라=코카콜라

••• 코카콜라의 창시자 존 팸버턴

코카콜라를 처음 개발한 사람은 미국의 약사이자 사업가인 존 팸버턴(John S. Pemberton)입니다. 당시 미국 사회에서 많은 이가 군대병(Army disease)이라 불리던 남북전쟁 후유증을 앓고 있었는데, 이를 견디기 위해 투약한 모르핀과 헤로인 남용으로 인한 마약 중독자가 6만 명을 넘어선 상태였습니다. 팸버턴 역시 이 전쟁의 남군 참전용사 출신으로, 전쟁 후유증으로 앓게 된 위장병을 견디기 위해 마약과 약물에 의존하던 중독자였습니다.

의학 지식이 부족했던 당시에는 특유의 각성 효과를 가진 코카인을 여러 질병 치료는 물론 마약 중독까지 치료할 획기적인 물질로 취급했습니다. 스스로 약물 중독에서 벗어나기 위해 코카 잎 연구에 몰두하던 팸버턴은 코카나무 잎에서 추출한 코카인과 콜라나무 콩(Kola nut)에서 추출한 카페인을 주원료로 한 '팸버턴의 프렌치 와인 코카(Pemberton's French Wine Coca)'를 개발하게 됩니다.

시장에 선보인 후 그럭저럭 자리를 잡아가던 팸버턴의 코카 와인은 그러나 예상치 못했던 난관에 부딪히게 됩니다. 1885년, 팸버턴이 활동하던 애틀랜타의 조지아주에서 금주법이 시행되면서 코카 와인의 판로가 막혀버린 것입니다. 지금의 관점으로 보면 마약류인 코

••• 팸버턴의 프렌치 와인 코카

••• 19세기 미국에서는 알콜 중독이 심각한 사회 문제로 대두되었다. 이에 기독교계를 중심으로 모든 '악의 근원'인 술을 금지하자는 금주 운동이 일어나게 되었는데, 이 또한 코카콜라가 탄생하게 된 배경이 되었다.

••• 출시 당시 코카콜라는 두뇌 강장제라
는 이름으로 판매되었다.

카인은 버젓이 팔리면서 술인 와인은
팔 수 없는 웃지 못할 상황이 일어나
게 된 것이죠.

이듬해인 1886년, 팸버턴은 궁여지
책으로 와인을 빼고 설탕 시럽과 소다
수를 섞은 새로운 레시피를 개발해냈
는데, 이것이 바로 최초의 코카콜라입
니다. 주요 첨가제인 코카나무와 콜라
나무의 앞 음절을 가져와 코카콜라(Co-
ca-Kola)라고 이름을 지었다가, 나중에
콜라의 앞 철자를 K에서 C로 바꿔 지
금의 코카콜라(Coca-Cola)라는 세계적
인 브랜드 네임을 완성하게 됩니다.

코카콜라는 출시 당시에는 의약품에 더 가까웠습니다. 심지어 '두
뇌 강장제(Brain Tonic)'라는 약효를 앞세운 기능성 음료로 홍보했을 정
도니까요.

특허약이 판을 치던 그때 그 시절

미국에서 코카콜라가 탄생하게 된 배경에는 프랑스의 마리아니 와인
의 성공 외에도 당시 미국에서 성행하던 '특허약(Patent Medicine)' 전쟁
또한 한몫했으리라고 봅니다.

특허약 전쟁의 포문은 18세기 영국에서 열었습니다. 당시에 영국은

과학과 발명의 시대를 거치며 소비문화에도 혁명적인 변화를 겪었습니다. 부에 대한 욕망이 인정되는 사회적 분위기가 전반적으로 형성되어, 새로 발명된 물건들은 빠르게 상업화가 이루어졌습니다. 이런 환경에서 새롭게 호황을 누리게 된 업종 중 하나가 바로 특허약 분야였습니다.

'특허약'이라고 하면 일단 이름이 그럴싸해 아마도 특정 질병에 효과가 좋은 약이라고 생각하실 겁니다. 그러나 이 당시의 특허약은 미리 조제해놓고 파는 약을 말하는 것이었습니다. 다시 말해 의사의 처방 없이도 살 수 있는 약이라는 건데, 그렇다고 지금처럼 약국에서 누구나 살 수 있는 진통제, 소화제 같은 일반의약품을 생각해서도 안 됩니다.

18세기부터 19세기까지 미국의 특허약을 한마디로 정의 내리자면, 돌팔이 약사들이 팔던 약이었습니다. '자~ 날이면 날마다 오는 기회가 아니야'라는 소리가 절로 떠오르게 하는 만병통치약을 팔던 돌팔이 약사 말이죠.

영국에서는 중세 후반부터 특정한 물건에 독점적 권리를 인정하는 특허 제도가 시행되었는데, 1641년 당시 영국령이었던 미국에서도 이 제도가 그대로 시행되었습니다. 미국은 독립국가가 된 이후에도 영국의 특허권 전통을 이어나갔는데, 19세기에 이르자 식품과 의약품 분야에서 사업가들이 마리아니 같은 일확천금을 꿈꾸며 너도나도 특허약이라는 이름을 붙여 약을 팔았습니다. 당시에는 식약처 같은 기관이 없어 누구나 의약품을 제조할 수 있었습니다.

심지어 남북전쟁 직후에는 효과가 검증되지 않은 이런 특허약이 1,500가지 이상 존재할 정도였다고 하니, 이 시장에서 우위를 차지하기 위해 얼마나 치열한 경쟁이 일어났는지 대충 짐작이 가실 겁니다.

아기를 재우려다 영원히 잠들게 한 시럽

이러한 특허약 분야에서 성공을 거둔 제품 가운데 아이들을 투약 대상으로 판매한 시럽도 있었습니다.

1849년, 미국의 샬럿 윈슬로 부인은 역시 본인의 이름을 딴 '윈슬로 부인의 진정 시럽(Mrs. Winslow's Soothing Syrup)'이라는 특허약을 개발해 판매하기 시작합니다. 소아외과 병동에서 간호사로 일했던 그녀가 젖니가 나느라 아파하는 손자를 위해 만든 치료제가 바로 이 시럽이었습니다.

이 시럽은 어떤 아이라도 먹은 지 5분 안에 잠들게 했는데, 이 때문에 맞벌이와 육아로 힘겨운 근로자들의 가정과 많은 아이를 동시에 돌봐야 하는 교육기관에서 큰 인기를 누리게 되었습니다. 어떤 약과도

••• 윈슬로 부인의 진정 시럽 광고 포스터

비할 수 없는 확실한 진정 효과 때문에 제조자인 원슬로 부인은 '엄마들의 친구', '고통의 해방자'로 추앙받을 정도였습니다.

이 시럽은 이후 60여 년 동안 미국과 유럽 가정의 필수 비상약품으로 자리 잡으며 엄청난 판매량을 기록했습니다. 그러나 한편으로는 이 시럽을 먹은 아이들이 알 수 없는 죽음에 이르렀다는 흉흉한 소문이 돌기도 했죠. 그런데 이 소문은 결국 사실이 되고 맙니다.

1911년, 미국 의약협회는 전 세계 부모들을 충격에 빠뜨리는 엄청난 사실을 공표하게 됩니다. 원슬로 부인의 진정 시럽에 아편과 모르핀, 탄산나트륨, 암모니아 등 인체에 치명적인 성분이 들어 있다고 발표하게 된 것이죠. 시럽을 먹고 새근새근 잘 자는 줄 알았던 아이들은 사실 혼수상태였을지도 모릅니다!

코카콜라-코카+카페인=코카콜라

코카콜라와 원슬로 시럽이 만들어지던 19세기는 마약들이 버젓이 식의약품으로 사용되었습니다. 간호사였던 원슬로 부인이 병원에서 쉽게 구할 수 있던 아편과 모르핀으로 시럽을 만들 만큼 마약을 구하는 일도 어렵지 않았습니다.

비슷한 시기에 기적의 물질로 취급받던 코카인도 치명적인 부작용과 중독성이 연구를 통해 속속 밝혀지기 시작했습니다. 이에 코카콜라, 마리아니 와인같이 코카인을 이용한 제품으로 승승장구하던 업자들은 고심에 빠지게 되죠.

1903년, 코카콜라는 코카인 성분을 모두 제거하는 과감한 결정을

••• 유명인 대신 최초로 제품인 코카콜라가
표지 모델로 나선 1950년 《타임》지

하게 됩니다. 코카인은 카페인으로 대체되었고, 마침내 지금의 코카콜라가 탄생하게 되었습니다.

'인류의 은인'으로 칭송받던 마리아니의 원조 코카 와인은 시대의 변화에 적응하지 못하고 결국 1914년에 사라지고 맙니다. 반면 마리아니 와인의 짝퉁으로 시작한 코카콜라는 능수능란한 마케팅과 시대 변화에 발 빠르게 대처해 현재까지도 전 세계에서 가장 유명한 음료로 남게 되었습니다.

코카콜라는 아직도 특유의 풍미를 위해 마약 성분을 제거한 코카 잎을 넣어 만든다는 속설이 떠돌고 있습니다. 그러나 정확한 레시피는 130여 년이 지난 지금까지도 극소수의 사람들만 알고 있으며 공개되지 않고 있다고 합니다.

라임양의 영상으로 만나는
코카콜라의 역사 그리고 기상천외한 특허약과 음료들 ▶

06

마케팅의 귀재인가,
희대의 사기꾼인가?

위대한 쇼맨,
피니어스 테일러 바넘

200년이 지난 지금까지도
위대한 사업가이자 희대의 사기꾼이라는
극단의 평가를 동시에 받는 인물이 있습니다.
지금까지도 쓰이고 있는 신조어들과
숱한 어록을 만들어낸 마케팅의 귀재.
지독한 인종주의자이자 착취꾼이라는
비판을 받았지만, 한편으로 노예 해방에
앞장선 이중적인 면모를 보인 인물.
바로 '피니어스 테일러 바넘'의 이야기입니다.

글의 연금술사 바넘의 등장

••• "이 순간에도 속기 위해 태어나는 사람들이 있다. 세상에 속이지 못할 사람은 없다. 대중은 속기 위해 존재한다." _피니어스 테일러 바넘

피니어스 테일러 바넘(Phineas Taylor Barnum)은 1810년, 미국 동부 코네티컷주의 유복한 집안에서 태어납니다. 당시 미국은 1776년에 영국으로부터 독립을 쟁취한 지 막 한 세대 정도 지난 신생 독립국이었습니다. 서쪽으로 영토가 계속 확장되고 각국에서 이민 행렬이 이어져 경제에는 활기가 넘쳤죠.

바넘은 아주 어릴 적부터 사업에 두각을 드러냈습니다. 정치인이자 지주였던 외조부의 도움으로 잡화점 운영, 책 경매, 복권 판매 등의 사업을 펼쳤고, 열아홉 살의 나이에 《프리덤 헤럴드(The Herald of Freedom)》라는 주간 신문을 창간하기도 합니다.

다양한 사업장을 운영하며 동시에 자신의 신문에 직접 사설도 쓰곤 했던 바넘은 자신에게 남들을 설득시키고 무언가를 믿게 만드는 데 천부적인 재능이 있다는 것을 깨닫게 됩니다. 자신의 글이 지역 사회에 큰 파장을 일으키는 데다, 마음만 먹으면 사람들에게 뭐든지 팔아치울 수 있었던 것이죠.

바넘, 위대한 쇼맨으로 길을 내딛다

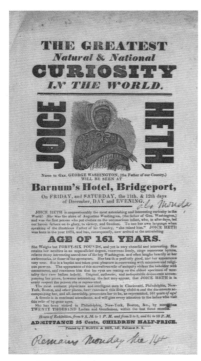

••• 조이스 헤스 전시 홍보 포스터

1834년, 스물다섯 살이 된 바넘은 코네티컷의 사업장을 매각하고 그 돈을 지참금 삼아 당시 최대 도시였던 뉴욕으로 넘어갔습니다. 그리고 사람들을 현혹하는 쇼를 통해 큰돈을 벌겠다는 계획에 착수하죠. 하지만 당시는 라디오도 영화도 텔레비전도 없던 시절이었습니다.

고심하던 바넘은 마침 눈에 확 띄는 외모를 가진 나이 든 흑인 노예 여성을 발견합니다. '조이스 헤스'라는 이름의 이 여인은 눈두덩이가 푹 꺼진 장님이었습니다. 또한 치아가 없고 손톱이

길어 기괴한 모습을 하고 있었죠. 바넘은 당장 이 여성을 산 뒤 그녀를 이용해 사람들의 관심을 끌어모을 계획을 세우게 됩니다.

바넘은 호텔, 박물관 등을 돌아다니며 헤스를 말 그대로 전시했습니다. 그녀가 미국의 초대 대통령인 조지 워싱턴의 보모였으며, 현재 161세로 세상에서 가장 나이가 많은 사람이라고 홍보했죠.

사람들은 헤스를 보기 위해 몰려들었고 이를 바탕으로 바넘은 쇼맨으로서 성공적으로 데뷔하게 됩니다. 바넘은 헤스를 더 나이 들어 보이게 하려고 술에 약한 그녀를 억지로 취하게 만들어 하루에 열 시간씩 대중 앞에 전시했다고 합니다. 이로 인해 몸이 점점 쇠약해진 헤스는 거의 전신마비 상태로 아무 움직임 없이 누워 있기만 했습니다. 결국 사람들은 점점 헤스에게 흥미를 잃어갔습니다.

바넘은 상황을 타개할 기상천외한 방법을 떠올렸는데, 바로 신문사에 익명으로 스스로를 고발 투고하는 것이었습니다. 그런데 투고의 내용 또한 모든 이의 상상을 뛰어넘었습니다. "피니어스 바넘은 사기꾼이다! 그는 대중을 속였다! 그가 161세라고 한 조이스 헤스는 사실 고래의 뼈와 고무로 만들어진 인조인간이었다!"라는 글을 내보낸 것이죠. 바넘의 예상은 적중했습니다. 이 기사가 보도되자 사람들은 또다시 헤스를 보기 위해 구름같이 몰려들었습니다.

물론 그녀는 조지 워싱턴의 보모도, 161세도, 인조인간도 아니었습니다. 여든 살 정도의 가엾은 맹인 여성일 뿐이었습니다. 처음으로 바넘의 이름을 대중에게 각인시키며 흥행 신화를 이어가게 해준 헤스는 1년 만인 이듬해 숨을 거둡니다.

인어가 나타났다!

••• 바넘이 전시한 가짜 인어

한번 흥행의 맛을 본 바넘은 사람들이 몰리고 돈이 되기만 한다면 진실이든 거짓이든, 좋은 내용이든 나쁜 내용이든 상관하지 않고 이를 모두 선전에 활용하기 시작했습니다.

1842년, 바넘은 뉴욕 브로드웨이에 또다시 엄청난 전시품을 가지고 등장합니다. 옛날부터 일부 선원들 사이에서 전설처럼 전해지던 인어의 미라화된 사체였습니다. 바넘은 남태평양의 피지섬에서 전설 속 동물인 인어를 발견해 이를 전시한다며 홍보했죠.

당시 서구 국가들은 제국주의 팽창 정책을 펼치면서 세계 오지 곳곳에 탐험가들을 파견했습니다. 이런 탐험가들에 의해 상상도 못 했던 생명체들이 새로 발견되어 하나씩 대중에게 소개되던 시기였습니다. 때문에 사람들은 바넘이 전시한 피지 인어 또한 새로 발견된 오지의 신기한 생물 중 하나로 여기게 되었죠.

브로드웨이에서 일주일간 전시된 인어는 전 세계적으로 큰 파장을 불러일으켰습니다. 바넘은 자신이 발견했다고 주장하는 인어의 사체들을 유럽 국가들은 물론 태평양 건너 일본에까지 팔아치우며 엄청난 돈을 벌었습니다.

하지만 과학자들은 바넘의 인어가 어딘가 이상하다는 것을 발견했습니다. 당시 새로 발견되던 미지의 생물들은 신기할지언정 기존에 알려진 생물학적인 지식의 범위를 벗어나지 않았는데, 바넘의 인어는 한눈에 봐도 생물학적 구조가 전혀 맞지 않았던 것이죠. 역시 아니나 다를까 피지 인어는 어린 원숭이의 상체와 물고기 꼬리 부분을 이어붙인 가짜였습니다.

인어 사체는 처음부터 바넘이 만들어낸 것은 아니었습니다. 맨 처음 네덜란드 동인도회사 상인이 일본의 어부로부터 구입한 것을 미국인 선장이 사들였고, 이후 선장의 아들이 미국 보스턴 박물관에 막 판매하려던 것을 바넘이 보게 된 것이었죠.

바넘은 이 인어 미라가 어부가 장난삼아 만든 것이거나 어떤 주술적인 의미로 만든 것이라고 생각했습니다. 하지만 그보다 더 주목했던 건 이 인어 미라가 훌륭한 돈벌이가 될 것이라는 점이었습니다. 이후 바넘은 인어가 가짜임이 탄로 날 때까지 여러 종류의 가짜 인어들을 만들어 판매하며 큰돈을 벌었습니다.

왜소증 아이를 월드 스타로 키워내다

바넘은 전시와 동시에 서커스 사업을 시작했습니다. 피지 인어와 비슷한 시기에 발굴한 '엄지장군 톰(General Tom Thumb)'을 내세워 공연 사업에서도 큰 성공을 거두게 됩니다.

'엄지장군 톰' 찰스 셔우드 스트래튼은 태어났을 당시 4.3kg의 우량아였지만 어찌 된 영문인지 생후 6개월 때 갑자기 성장이 멈췄다

··· 엄지장군 **톰**

고 합니다. 네 살이 된 스트래튼은 생후 6개월 때보다 키가 고작 2.5센티미터가량 성장하는 데 그쳤다고 합니다. 이런 왜소증 아이가 있다는 소식을 들은 바넘은 스트래튼을 만나 그에게 '엄지장군 톰'이라는 별명을 직접 붙여주었습니다.

어린 스트래튼은 예능에 뛰어난 재능을 보였습니다. 이를 눈여겨본 바넘은 노래와 춤, 마임 등을 스트래튼에게 가르쳐서 이듬해부터 엄지장군 톰을 주연으로 미국 순회공연에 나서게 됩니다.

엄지장군 톰은 1844년 처음 떠난 유럽 투어에서 일대 센세이션을 일으켰습니다. 말 그대로 '월드 스타'가 되었던 것이죠. 그의 명성이 영국 빅토리아 여왕에게까지 알려지게 되면서 영국 왕실에서도 공연을 하고, 심지어 프랑스와 러시아 황제, 미국 링컨 대통령의 공식 초청을 받기에 이르렀죠.

훗날 성인이 된 엄지장군은 바넘 서커스단의 또 다른 왜소증 스타 라비니아와의 결혼 소식으로 신문 1면을 장식할 만큼 대중에게 큰 인기를 누렸습니다. 왜소증으로 자칫 불행한 삶을 살 수도 있었던 엄지장군은 호화 저택에서 평생을 부유하게 살았습니다.

지금까지 이보다 신기한 쇼는 없었다, 바넘의 프릭쇼

바넘은 엄지장군 톰을 필두로 희귀한 질병이나 기형을 가지고 있는 사람들을 모아 프릭쇼(freak show)라는 최초의 현대식 서커스를 만들었습니다.

엄지장군 다음으로 유명했던 프릭쇼 단원으로는 네 개의 다리를 가진 소녀 '조세핀 머틀 코빈'이 있었습니다. 두 개의 골반을 가지고 태어난 머틀은 정상적인 다리 사이에 한 쌍의 작은 다리를 더 가지고 있었죠. 열세 살부터 공연에 뛰어든 머틀은 큰 인기를 누렸는데, 은퇴한 뒤에는 결혼해 다섯 명의 건강한 자녀를 낳고 평범하게 살았습니다.

팔다리가 없는 '프린스 랜디안'이라는 사람도 있었습니다. 그는 테트라 아멜리아 증후군이라는 유전 질환으로 몸통과 머리밖에 없는 기형으로 태어났습니다. 그 모습 때문에 '인간 애벌레'라는 별명으로 불

••• 바넘의 프릭쇼 서커스 단원들. 희귀한 질병이나 기형으로 특이한 외모를 지닌 이들로 구성되었다.

렸는데, 장애를 극복하며 일상을 살아가는 모습에 감명받은 바넘의 설득으로 랜디안도 서커스단에 합류하게 되었습니다.

랜디안이 쇼에서 보여주는 거라곤 손과 발 없이 입만 사용해서 성냥불을 붙여 담배를 피우거나 그림을 그리고 면도를 하는 등의 일이었습니다. 관객들은 매우 놀라고 신기해했지만 태어날 때부터 장애를 가지고 있던 랜디안에게는 그저 매일 하는 일에 불과했죠.

단원 중에는 몸이 붙어서 태어난 '창, 엥 형제'도 있었습니다. 이들은 1811년 태국에서 한쪽 옆구리가 붙은 채로 쌍둥이로 태어났습니다. 그러나 이들 형제는 건강에는 아무 지장이 없어 부모의 농사일을 돕고 달리기와 수영까지 즐겼습니다. 열세 살이 되던 해에 메콩강에서 놀고 있던 형제를 우연히 보게 된 영국 상인이 이들을 영국으로 데려왔고, 이후 바넘의 서커스단에 합류하게 됩니다.

형제는 몸이 붙어 있었지만 완전한 다른 두 인격체였기 때문에 성격도 판이하게 달랐습니다. 창은 외향적이고 도전적이며 술을 좋아했고, 엥은 조용하고 차분한 성격이었죠. 창이 밤새 술을 마시며 노름을 하면 엥은 꼼짝없이 함께 취하며 밤을 지새워야 했습니다. 그러다 감정이 상하면 주먹다짐을 벌이기도 했죠.

형제는 바넘과 함께 미국과 유럽을 오가며 큰돈을 벌었고 미국 시민권과 '벙커'라는 성도 얻었습니다. 대규모의 농장과 노예들을 부리며 부유한 농장

•••샴쌍둥이 창, 엥 형제

주가 되었죠. 또한 영국인 자매와 각각 결혼해 창은 11명, 엥은 10명의 건강한 자녀를 두었습니다.

이들은 당시 태국의 국호였던 '시암'의 이름을 따서 '샴쌍둥이(Siamese Twin)'라고 불렸는데, 유명세를 얻자 샴쌍둥이라는 단어가 결합쌍둥이를 일컫는 일반 명사처럼 사용되었습니다.

이들 외에도 수염이 풍성한 소녀, 다리가 코끼리만큼 두꺼운 여자, 늑대처럼 온몸이 털로 뒤덮인 남자, 거인 등 많은 수의 단원이 있었습니다. 이런 프릭쇼로 세계적인 명성을 얻은 바넘은 1871년에 마침내 최대 규모의 현대식 서커스단 '링글링 브로스 앤 바넘 앤 베일리(Ringling Bros. and Barnum & Bailey)'를 설립했습니다.

그는 희귀한 질병이나 기형을 갖고 있는 사람들 외에도 여러 가지 신기한 동물쇼까지 선보였죠. 이때 그 유명한 최초의 동물 월드 스타 코끼리 '점보'가 등장합니다.

점보가 점보가 된 이유는?

점보는 바넘이 영국에서 사들인 코끼리입니다. 북동부 아프리카 에리트레아에서 사냥꾼에게 잡힌 아기 코끼리 점보는 파리를 거쳐 런던 동물원으로 옮겨오게 됩니다. 세계 각지의 진귀한 동물들이 모여 있던 런던 동물원은 당시 영국에서 가장 큰 볼거리를 갖춘 곳 중 하나였죠.

덩치가 왜소한 인도코끼리밖에 없었던 런던에서 키 4미터에 몸무게가 6톤이나 나가는 아프리카코끼리 점보의 등장은 런던 시민을 열광케 했습니다. 거대한 몸집의 점보는, 아프리카를 종단하는 식민지를 경영하고 제국주의의 최전성기를 구가하던 영국의 상징과도 같았죠.

점보는 기존의 동물들과 다르게 철창에 갇혀 전시되지 않았습니다. 관람객들은 점보에게 비스킷과 롤빵 같은 먹이를 직접 줄 수 있었고 등에 올라타볼 수도 있었습니다. 당시로서는 혁신적인 '체험형 동물'이었던 것이죠. 때문에 계층을 망라한 모든 영국 어린이가 점보의 등에 타보는 것이 소원이었다고 합니다. 훗날 총리가 된 윈스턴 처칠도 어린 시절에 점보의 등에 올라탄 경험이 있다고 합니다.

그런데 영국에서 이렇게 인기 많았던 점보가 왜 바넘에게 팔리게 된 걸까요? 사실 점보는 런던 동물원에 들어올 때부터 이상행동을 보이고 있었습니다. 유달리 불행한 유년 시절을 보냈던 점보는 마치 불안한 사람이 손톱을 물어뜯듯 쉴 새 없이 벽과 바닥에 상아를 갉아댔고, 밤이 되면 머리를 바닥에 내리찍고 벽에 돌진하기도 했죠.

또 코끼리의 생애주기는 사람과 비슷한데, 수컷 코끼리는 10대 중반 즈음 서서히 2차 성징이 시작돼 스무 살에 접어들면 일종의 발정기인 머스트(musth) 시기가 찾아옵니다. 수컷이 머스트 시기가 되면 테스토스테론이 평소의 60배까지 증가하고 눈에 보이는 모든 것을 공격할 정도로 난폭해집니다. 점보는 머스트와 이상행동이 겹쳐 사육사가 통제가 불가능한 지경에 이르렀습니다. 결국 혹시 모를 인명 피해를 걱정한 런던 동물원이 점보를 매각하기로 결정하죠. 이때 관심을 보인 사람이 바로 미국 최대의 서커스단을 운영하던 바넘이었습니다.

물론 런던 동물원은 여론의 극심한 반대에 부딪혔습니다. 런던 시민들과 아이들은 미국에게 점보를 빼앗긴다고 생각했죠. 10만 명에 달하는 아이들이 점보를 지켜달라고 여왕에게 편지를 보냈습니다. 일부 언론은 당대 최대 패권국가인 영국을 상징하는 점보가 영국의 뒤를 무

••• 실제 아이들을 태운 모습의 코끼리 점보

••• 바넘의 과대 광고 포스터 속에 엄청난 몸집으로 묘사된 코끼리 점보

섭게 추격하는 신흥국 미국에게 넘어간다는 식의 과도한 의미를 부여했죠. 하지만 런던 시민들의 노력에도 불구하고 결국 점보는 1만 달러에 팔려 대서양을 건너게 됩니다.

이번에도 역시나 바넘은 점보를 '지상 최대의 코끼리'라고 과대 홍보했습니다. 점보가 물론 크기는 했지만 바넘의 선전처럼 어마어마한 괴수는 아니었죠. 당시 바넘의 광고 포스터를 보면 성인 남성이 점보 허벅지 높이에도 미치지 못할뿐더러 등에는 수십 명의 아이가 타고 있습니다. 이때부터 미국 사람들은 무엇이든 크기만 하면 '점보'라고 부르기 시작했습니다. 지금 우리도 종종 사용하는 '점보 사이즈'의 어원이 바로 코끼리 점보의 이름에서 따오게 된 것입니다.

한편 점보의 건강은 시간이 지날수록 눈에 띄게 악화되었습니다. 병으로 피부가 떨어져 나가고 이상행동도 점점 더 증세가 심각해졌습니다. 이에 바넘은 채찍과 갈고리 외에도 알코올을 이용해 점보를 통제했습니다. 점보는 이미 영국에서부터 4리터가량의 위스키를 매일 마시는 심각한 알코올 의존 상태였습니다.

하지만 바넘은 점보가 죽은 뒤에도 돈이 될 것이라는 걸 직감했죠. 미국으로 건너온 지 3년쯤 지난 1885년, 술에 취한 점보는 서커스를 마치고 돌아가는 길에 화물열차에 부딪혀 숨을 거둡니다. 점보의 갑작스러운 죽음은 미국과 영국의 어린이들을 충격에 빠뜨렸습니다. 그러나 바넘은 기다렸다는 듯 신속하게 점보의 시신을 방부 처리해 박제했습니다. 이를 기회 삼아 재빨리 새로운 사업을 구상해낸 것이었죠. '점보의 죽음을 애도한다'라는 구실로 박제된 시신과 함께 미국 전역을 도는 장례식 투어를 시작한 것입니다. 가엾은 점보는 죽어서도 서커스단과 함께 전국을 돌아다녔습니다.

또한 더 이상 점보의 공연을 볼 수 없는 관객을 위해 바넘은 감동적인 이야기를 하나 만들어냈습니다. 사실 점보는 취한 것이 아니었고 새끼 코끼리를 구하려고 스스로 열차에 몸을 던져 목숨을 잃었다는 것이었죠. 게다가 앨리스라는 암코끼리를 들여와 점보의 짝이었다고 소개하며 박제된 점보와 함께 전시했습니다. 앨리스는 종종 점보 옆에서 자신의 코로 눈가를 닦았는데, 이 모습이 마치 점보를 그리워하는 것처럼 보여서 구경꾼들의 심금을 울렸습니다. 물론 이는 다 훈련의 성과였습니다! 이렇게 죽어서도 인기를 누린 점보는 1941년, 월트디즈니의 애니메이션 〈덤보(Dumbo)〉로 재탄생하게 됩니다.

희대의 사기꾼인가, 위대한 사업가인가

바넘은 본인이 직접 서커스에 나서기도 했는데, 그의 화려한 언변은 항상 관객들의 시선을 끌었습니다. 또한 사람들은 바넘이 독심술에 일가견이 있다고 믿었습니다. 바넘이 처음 보는 사람들의 성격이나 특징을 정확히 맞추었기 때문입니다. 당연히 이 또한 바넘의 속임수였습니다. 혈액형과 별자리, 사주를 내 얘기라고 철석같이 믿게 만드는 것과 같은 심리효과이죠. 이 심리효과는 훗날 심리학자 버트럼 포러(Bertram Forer)에 의해 밝혀져 '바넘 효과'라고 이름 붙여집니다.

이렇듯 바넘은 자극적인 소재로 끊임없이 화젯거리를 만들어냈습니다. 나아가 바넘은 완벽한 진실은 존재하지 않고, 대중은 속기 위해 태어난다고 주장했습니다. 그는 대중이 진실을 모른다고 하더라도 행복할 수 있다면 그것이 진정한 예술이라고 믿었습니다.

인간의 존엄성을 당연하게 받아들이는 21세기를 사는 지금 우리에게 사람을, 특히 인체의 기형을 구경거리로 만든다는 바넘의 구상은 너무나 충격적이고 불편합니다. 그렇다면 19세기는 어땠을까요? 당시 인류는 근대로 접어들었지만 여전히 같은 인간을 노예로 부렸고, 제국주의 광풍이 전 세계를 휩쓸었으며, 사회진화론과 우생학은 상식적인 과학이론으로 받아들여졌습니다. '모든 인간의 평등과 존엄' 같은 이야기는 허황된 이상일뿐이었죠.

바넘은 악랄한 착취꾼도 이상주의자도 아닌 그런 시대를 살아가던 평범한 사람이었을지도 모릅니다. 희귀질환이나 장애를 가지고 태어나 부모와 사회로부터 버려지고 천대받던 단원들은 바넘을 통해 당당히 세상 앞에 나섰습니다. 덕분에 가족도 꾸리고 풍요롭게 살 수 있었죠. 바넘은 동료들에게 제대로 수익을 나누어주었고, 동료들은 바넘의 서커스가 부도로 망했을 때도 그의 곁을 지켰습니다.

또한 남북전쟁 당시 본인의 장기인 연극과 공연을 통해 노예 제도를 비판하며 미국인의 의식 전환에 큰 영향을 주었고, 노예 제도를 지지한 남부군의 사기를 떨어뜨리는 성공적인 심리전을 펼쳐 그 공로를 인정받기도 했습니다.

피니어스 바넘은 희대의 사기꾼일까요, 아니면 위대한 사업가일까요? 판단은 여러분의 몫입니다.

라임양의 영상으로 만나는
위대한 쇼맨, 피니어스 테일러 바넘 ▶

07

어떻게 내 성격을
정확히 알고 있을까?

일상의 확증성, 바넘 효과

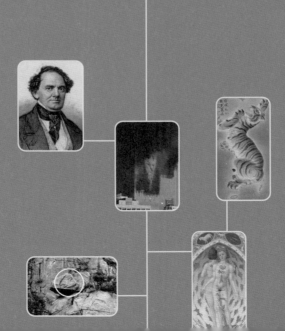

오늘의 운세, 별자리나 혈액형별 성격 판단법,
인터넷에 떠도는 온갖 심리 테스트가
신기하게도 나의 상황과 딱 들어맞아
무릎을 쳤던 경험, 누구나 한 번쯤 있을 겁니다.
신기하지만 한편으로 쉽사리 믿기지는 않는 이 같은
테스트 뒤에는 과연 어떤 비밀이 숨어 있는 걸까요?

피니어스 바넘의 유산, 바넘 효과

1948년, 미국의 심리학자 버트럼 포러(Bertram Forer)는 그가 가르치는 39명의 학생들을 대상으로 가짜 성격 검사를 실시합니다. 그리고 일주일 뒤 학생들에게 검사 결과를 나누어주었는데, 결과지에는 모두 같은 내용이 담겨 있었습니다. 검사 결과를 다른 학생과 공유하지 못하게 한 상태에서 결과지의 항목들이 자신의 성격과 얼마나 일치하는지 평가하게 하자 학생들은 5점 만점에 평균 4.26점이라는 매우 높은 점수를 매겼습니다. 39명의 학생이 똑같은 내용의 가짜 결과지를 읽고 자신의 성격과 85퍼센트 이상 일치한다고 답한 것이죠.

이후 수백 명을 대상으로 같은 실험을 시행했는데 매번 거의 비슷한 점수가 나왔습니다. 수백 명의 사람이 모두 같은 성격이었던 걸까요? 물론 그럴 리가 없죠. 그럼 도대체 어떤 내용이길래 사람들이 너도나도 '이건 내 성격이다!'라고 생각했던 걸까요?

다음에 제시한 13가지 항목은 포러 교수가 피실험자들에게 나누어준 성격 검사 결과지입니다. 아마 이 글을 읽고 있는 여러분의 성격과도 꼭 들어맞을지 모릅니다.

1. 당신은 타인에게 인정받고 싶은 욕구가 있습니다.
2. 당신은 스스로에게 비판적인 경향이 있습니다.
3. 당신에게는 아직 장점으로 전환하지 못한, 발굴되지 않은 잠재력이 있습니다.
4. 당신에게는 약간의 성격적 약점이 있지만, 이러한 약점을 잘 상쇄할 수 있습니다.
5. 당신은 성적인 부분을 조율하는 데에 문제를 가진 적이 있습니다.
6. 당신은 겉으로는 성실하며 규범을 잘 따르는 것 같아 보이지만, 속으로는 걱정하고 불안해하는 경향도 있습니다.
7. 당신은 때때로 자신의 결단이나 행동이 올바른 것인지에 대해 진지한 의문을 가지기도 합니다.
8. 당신은 어느 정도의 변화와 다양성을 선호하며, 제약이나 규제에 둘러싸이는 상황을 불만족스러워합니다.
9. 당신은 독립적으로 생각할 줄 아는 사람으로서 스스로를 자랑스러워하며, 타인의 주장에 충분한 근거가 없다면 이를 받아들이지 않습니다.
10. 당신은 타인에게 자신을 지나치게 드러내는 것은 별로 현명하지 못하다고 생각합니다.
11. 종종 당신은 외향적이며 상냥하고 붙임성 있지만, 또 어떨 때는 내향적이고 다른 사람을 경계하며 속마음을 드러내지 않을 때도 있습니다.

12. 당신의 열망 중 일부는 조금 비현실적이기도 합니다.
13. 신체적, 경제적 안전은 당신 인생의 주요 목표 중 하나입니다.

자, 어떤가요? 여러분의 성격과 비슷한 점을 찾으셨나요?

사실 이것은 족집게라고 소문난 점성술사들이 자주 사용하는 문구들을 다듬고 짜깁기한 내용이었습니다. 설문에 참여한 학생들은 진실을 알게 되기 전까지 이 내용이 자신의 실제 성격이라고 철석같이 믿었죠.

버트럼 포러 교수가 발견한 이 놀라운 심리적 현상은 학계의 주목을 받았고, 최근까지도 활발한 추가 연구들이 진행되고 있습니다. 훗날 추가 연구에서 밝혀진 사실에 따르면, 피험자가 평가자의 권위를 신뢰하면 할수록 자신의 성격이라고 더욱더 굳게 믿는다고 합니다.

우리 모두 바넘 효과에 놀아나고 있다!

포러 교수에 의해 처음 밝혀진 이 심리학 개념은, 8년 뒤인 1956년에 심리학자 폴 밀(Paul E. Meehl)에 의해 '바넘 효과'라고 이름 붙여집니다. 1950년대 일부 심리치료사와 심리학자 들이 내담자를 상대로 "당신의 증세는 과거의 아픈 기억 때문입니다", "아픈 기억이 없다고요? 너무 아픈 기억은 때로는 억압되는 법이죠" 같은 마치 점성술이나 다름없는 애매한 진단을 하는 것이 큰 문제로 부각되었습니다. 이것이 마치 피니어스 바넘이 쓰던 화술을 쏙 빼닮아 바넘의 이름을 따오게 된 것이죠.

바넘은 종종 "모두를 만족시킬 수 있다", "누구에게나 해당되는 것

···바넘 효과의 주인공 피니어스 바넘

을 보았다"와 같은 말을 하곤 했는데, 포러 교수의 가짜 성격 검사 결과지를 보면 바넘의 언사처럼 누구에게나 적용될 수 있는 문장들이 많습니다. 문장이 막연할수록 더 효과가 좋죠. 개인을 회사나 조직으로 바꾸어 평가한 가짜 결과에도 사람들은 같은 평을 내렸습니다.

폴 밀은 바넘 효과를 "사람들이 보편적으로 가지고 있는 성격이나 심리적 특징을 자신만의 특성으로 여기는 심리적 경향"이라고 정의했습니다. 인간이라면 누구나 자기중심적으로 사고하기 마련이고, 따라서 애매모호하게 표현된 성격이나 심리 상태를 자의적으로 해석하여 자신의 특성과 정확하게 일치한다고 착각하는 것이죠. 바넘 효과는 인지 편향의 대표적인 예라고 할 수 있습니다.

인지 편향이란 무엇일까?

'인지 편향'이란, 사람이 비논리적인 추론에 따라 잘못된 판단을 내리는 패턴을 말합니다. 인지 편향의 종류를 세분화하면 수십 가지에 이르지만, 여기에서는 바넘 효과와 사촌격인 '확증 편향'과 이와 비슷한 심리학 용어들을 소개하고자 합니다.

확증 편향

확증 편향은 인지 편향 가운데 가장 많이 알려진 개념입니다. 정의에 따르면, '자신이 원래 가지고 있는 생각이나 신념을 확인하는 경향성'이라고 합니다. 쉽게 말해 자기가 보고 싶은 것만 보고, 믿고 싶은 것만 믿는 것이죠. 확증 편향은 인간의 정보처리 과정에서 아주 흔하고 자연스럽게 발생합니다. 형사 재판에서 쓰이는 '무죄추정의 원칙'도 판사의 판결에 확증 편향이 개입되는 것을 방지하기 위해 고안된 개념입니다. 아무리 판사라고 해도 확증 편향에서 자유로울 순 없으니까요.

사람과 사람 사이의 관계에서 생기는 문제 가운데 상당수는 개인적 믿음이 지나치게 뿌리 깊은 신념으로 자리 잡아, 자신의 신념을 위협하는 모든 사실을 부정하기 시작할 때 발생합니다. 사이비종교에 빠져들거나, 자신과 다른 정치 성향을 가진 사람들을 무조건적으로 적대시하거나, 보편적으로 받아들이는 과학적 사실에 반해 자신의 믿음을 고수하기도 하죠. 그렇지만 자신의 신념을 뒷받침해주는 사실은 어떤 조그마한 것이라도 적극적으로 받아들입니다.

자신의 굳은 신념에서 한 발자국만 뒤로 물러서면 새로운 것들이 보이는데, 말처럼 쉽지는 않은 일입니다. 우리는 익숙한 것을 좋아하고, 나와 같은 신념을 가진 사람들 안에 소속되고 싶어 하죠.

아포페니아

바넘 효과의 또 다른 사촌이자 확증 편향의 일종으로 아포페니아(Apophenia)가 있습니다. 서로 아무 연관이 없는 정보나 현상에서 의미나 규칙, 연관성을 찾아내 믿는 현상을 말합니다. 대표적으로 별자리가 있습니다. 물리학적 우연으로 만들어진 각각의 별들을 연결해 특정 모양을 가진 별자리로 만들고, 그와 관련된 신화를 만들어내는 일이 바로 아포페니아입니다. 이것이 '별자리 성격론'으로까지 나아가면 이제 바넘 효과의 영역이 되죠. 또 로또 같은 무작위 정보에서 특정 패턴을 찾아내려는 것도 대표적인 아포페니아의 예시 중 하나입니다.

파레이돌리아

파레이돌리아(Pareidolia)는 아포페니아의 하위 개념입니다. 연관성 없는 현상이나 시각 정보에서 일정한 패턴을 찾아내 의미를 부여하는 심리 현상입니다. 압록강과 두만강 지류로 형성된 한반도 지형을 보고 호랑이를 떠올려낸다든지, 풍화와 침식 작용으로 생성된 바위에서 성모 마리아의 모습을 본다든지, 비행기의 충돌로 연기가 피어난 세계무역센터에서 악마의 얼굴을 찾아낸다든지 하는 일입니다. 물리적 우연이 만들어낸 무작위 패턴에 저마다의 의미를 부여하는 것이죠.

이렇게 아포페니아와 파레이돌리아는 인류의 상상력을 자극하는 아주 흥미로운 심리학적 현상이자, 우리의 뇌가 익숙한 것을 찾고자 하는 자연스러운 현상이기도 합니다. 그런데 사실 '아포페니아'라는 용어는 1958년 독일의 정신과 의사 클라우스 콘라드(Klaus Conrad)가 정신분열증 환자의 망상 사고가 시작될 때 나타나는 특성을 발견해 처음 제시한 개념입니다. 정신분열증 초기 단계에서 환각과는 대조적으로 자기 참조적이고 실제 감각 지각에 대한 과도한 해석이라고 설명했습니다.

••• 파레이돌리아의 대표적인 예시들. 호랑이를 닮은 한반도 지도, 세계무역센터 화재 현장에서 나타난 악마의 얼굴, 바위에 새겨진 성모마리아의 모습을 찾아볼 수 있다.

누구나 가지고 있는 인지 편향

정신분열증 이야기까지 나와 왠지 찜찜한 기분이 들지만, 인지 편향은 인간이라면 누구나 가지고 있다고 합니다. '나는 인지 편향을 가지고 있지 않아'라고 생각하는 것 자체가 인지 편향의 훌륭한 예시라고 할 수 있을 정도니까요.

혹시 여기까지 읽은 독자 여러분 중에 바넘 효과의 테스트 결과지를 보고 내 성격이 아닌 걸 단박에 알아차렸고, 처음부터 조작인 걸 전부 알고 있었다고 생각하시는 분들이 계실지도 모르겠네요. 그분들을 위해 한 가지 재미있는 인지 편향 유형을 소개하려고 합니다.

포러 교수의 실험과 같은 해인 1949년, 미국의 심리학자 폴 라자스펠드(Paul Lazarsfeld) 교수는 제2차 세계대전에 참전한 미국 병사들을 상대로 다양한 연구를 진행해 다음과 같은 결과를 얻었습니다.

1. 전시 상황에서 고등 교육을 받은 사람들은 그렇지 않은 사람들보다 더 많은 정신과적 증상을 일으킨다.
- 왜냐하면 엘리트 지식인들은 길거리 건달들보다 무질서한 전시 상황에서 오는 스트레스를 더 견디기 힘들어하기 때문이다.
2. 시골 출신의 군인들은 대부분의 도시 출신들보다 군인 정신이 더 투철하다.
- 왜냐하면 시골 출신들이 더 거친 환경에서 성장했기 때문이다.
3. 남부 출신 군인들은 북부 출신 군인들보다 남태평양 열대 기후에 더 쉽게 적응한다.

－ 왜냐하면 남부인들은 더운 기후에 훨씬 익숙하기 때문이다.

(후략)

라자스펠드 교수는 연구를 통해 총 6가지의 항목을 발표했고, 그 이유에 대해 친절하게 설명까지 덧붙였습니다. 항목을 보면 너무 당연하고 상식적인 이야기라 도대체 이런 연구에 거액의 연구비를 쏟아부을 필요가 있었나 하는 생각마저 듭니다.

하지만 이 연구에도 역시 반전이 있었습니다. 사실 앞서 말한 항목들은 실제 연구를 통해 밝혀진 결과와는 정반대였던 것이죠. 교육 수준이 낮은 사람일수록 전시 상황에서 더 많은 스트레스를 받았고, 도시에서 성장한 군인들이 더 투철한 군인 정신을 보여줬으며, 열대 기후에 적응하는 데는 남부와 북부 출신 군인 사이에 유의미한 차이가 없었죠.

하지만 라자스펠드 교수는 만약 반대의 결과를 사실대로 먼저 알려줬더라도 독자들은 그것이 당연한 상식이며 명백한 사실로 받아들였을 것이라고 지적했습니다. 라자스펠드 교수의 이런 심리적 경향성에 대한 연구는 훗날 바루크 피쇼프(Baruch Fischhoff) 교수의 연구 실험을 통해 체계적으로 밝혀지게 됩니다.

처음에는 그의 논문 제목을 딴 '내 이럴 줄 알았어(I knew it would happen) 현상'으로 불리다가 최종적으로 '사후 과잉확신 편향'이라는 이름이 붙여집니다. 어떤 일의 결과를 알고 나면 처음부터 그 일을 예상하고 있었다고 믿는 경향성이 생긴다는 것입니다. 우리 주변에서 흔히 들을 수 있는 "이것 봐! 내가 집값이 오를 거라고 했잖아", "내가 그때 코인 사라고 했잖아" 같은 것이죠.

중국과 일본에서 우스갯소리로 쓰이는 '사후제갈량(事后诸葛亮)'이라는 용어가 있습니다. 그전까지 아무 생각도 없다가 일이 터지고 결과가 나온 상황에서야 마치 제갈량처럼 자신은 다 알고 있었다는 듯 '이랬어야 했다, 저랬어야 했다' 하는 사람을 비꼬는 데서 나온 말이죠.

우리는 주어진 환경과 삶의 경험을 통해 나 자신을 정의하는 믿음들을 구축하고, 그 믿음들은 우리의 자아를 이루는 중요한 요소가 됩니다. 인지 편향은 우리가 외부환경을 어느 정도 통제하고 있다고, 나아가 본인에게 삶의 주도권이 있다고 느끼게 해주죠. 인간의 인지 체계는 수백만 년의 진화를 거쳐 무의식적이고 자동적으로 일어나기 때문에 인지 편향을 통제하는 것은 불가능에 가깝습니다. 하지만 우리의 의식이 어떤 방식으로 작동되고 있는지를 알고 있다면 나 자신과 내 주변을 이해하는 데 많은 도움이 되지 않을까요?

라임양의 영상으로 만나는
일상의 확증성, 바넘 효과 ▶

08

당신도
악마가
될 수 있다?

당신에게도 찾아볼 수 있는
악의 평범성

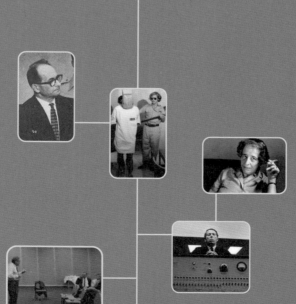

'악의 평범성'은 나치에 의한 유태인 학살이
광신도나 반사회적 성격장애자가 아닌
상부의 명령에 순응한 지극히 평범한
사람들에 의해 자행되었음을 말하는 개념입니다.
이런 악의 평범성이 당신도 악마로
탈바꿈시킬 수 있다면 믿으시겠습니까?

아돌프 아이히만, 그는 악마가 맞을까?

1961년 4월, 한 남자가 이스라엘 예루살렘 법정에 섰습니다. 이 남자는 그때까지 단 한 번도 법을 어긴 적이 없었습니다. 언제나 맡은 일에 최선을 다하는, 그래서 주변인들도 다들 입을 모아 그를 성실한 사람이라고 평했습니다. 그는 당시 아르헨티나의 한 자동차 공장에서 기계공으로 일하고 있었는데, 뜬금없이 퇴근길 버스정류장에서 체포되었습니다. 50대 중반의 평범한 아저씨는 그 길로 예루살렘의 재판정에 서게 되었습니다.

그의 이름은 아돌프 아이히만(Adolf Eichmann)으로 아르헨티나에서 도피 생활 중이던 과거 나치 독일의 고위 관료였습니다. 그리고 그가 서게 된 법정은 나치 전범들을 재판하는 곳이었죠. 당시 사람들은 십수 년 만에 붙잡힌 나치 전범이 폭력적인 성정을 가진 잔인무도한 악마임이 분명할 거라고 생각했습니다. 게다가 이 남자는 유태인 추방과 수송, 학살 실무를 담당한 전문가라고 알려졌으니 말이죠.

이 재판은 곧 엄청난 주목을 받았고 전 세계에서 기자와 TV 중계진

••• 예루살렘 나치 전범들의 재판장에 선 아돌프 아이히만

들이 몰려들었습니다. 하지만 어이없게도 그는 자신이 맡은 일을 잘해내는 것 외에는 관심이 없는 평범하고 가정적인 남자이며, 무엇을 잘못했는지도 모르겠다고 주장했습니다. 그는 나치에 복무할 당시 군인들의 시간 낭비를 줄이기 위해 열차를 개조한 것뿐이라고 말했습니다. 하지만 그가 개발한 열차는 유태인을 효율적으로 죽이기 위해 가스실이 설치된 열차였죠.

본인의 죄를 인정하냐는 재판장의 질문에 아이히만은 이렇게 대답합니다.

"저는 잘못이 없습니다. 단 한 사람도 제 손으로 죽이지 않았고 죽이라고 명령하지도 않았습니다. 그건 제 권한이 아니었으니까요. 저는 그저 시키는 것을 그대로 실천한 관리자일 뿐이었습니다. 제가 한 일은 행정 절차의 작은 역할이었고 열차를 움직이는 것은 다른 부서에서 실행했습니다."

재판장이 그 열차에서 죽어간 수많은 유태인에게 양심의 가책을 느낀 적이 없냐고 되묻자 그는 다시 이렇게 답합니다.

"월급을 받으면서 주어진 일을 열심히 하지 않았다면 양심의 가책을 느꼈을 것입니다."

그를 지켜본 여섯 명의 정신과 의사들은 아이히만이 지극히 정상이며 오히려 준법정신이 투철한 사람이라고 입을 모았습니다.

생각의 무능이 피워낸 악의 평범성

••• 악의 평범성을 정의 내린 한나 아렌트

아이히만의 재판 과정을 지켜보던 독일 출신의 정치철학자 한나 아렌트(Hannah Arendt)는 이런 결론을 내립니다.

"그는 아주 근면한 사람이다. 그리고 이런 근면성 자체는 결코 범죄가 아니다. 하지만 그가 유죄인 명백한 이유는 아무 생각이 없었기 때문이다. 다른 사람의 처지를 생각할 줄 모르는 생각의 무능은 말하기의 무능을 낳고 행동의 무능을 낳는다."

아렌트는 이후 출판한 『예루살렘의 아이히만』에서 "악이란 뿔 달린 악마처럼 별스럽고 괴이한 존재가 아니며, 사랑과 마찬가지로 언제나 우리 가운데 있다"라는 문장으로 악이 지니고 있는 평범성에 대해 이야기했습니다.

평범한 사람이 저지른 동기도 없이 행해진 악. 어떤 신념도 의지도 없이 벌어진 악마적 행위. 한나 아렌트는 나치에 의한 홀로코스트가 광신도나 반사회적 성격장애자가 아닌 상부의 명령에 순응한 지극히 평범한 사람들에 의해 벌어진 것을 두고 '악의 평범성'이라는 개념을 정립했습니다.

당신도 악마가 될 수 있다

당시 27세이던 예일대 심리학과 조교수 스탠리 밀그램(Stanley Milgram)도 이 재판을 눈여겨보고 있었습니다. 그는 사람들이 파괴적인 지시에 따르는 이유가 개인의 성격보다는 상황에 있다고 생각했습니다. 대단히 설득력 있는 상황이 생긴다면 아무리 이성적인 사람도 비도덕적인 잔혹 행위를 저지를 수 있다고 생각한 것이죠. 그는 이 가설을 입증하기 위해 한 가지 실험을 계획합니다.

그는 먼저 처벌이 학습에 미치는 효과를 연구한다며 신문에 시급 4.5달러의 실험 참가자 구인 광고를 냈습니다. 그렇게 지원한 참가자들을 두 명씩 짝지은 뒤 제비뽑기를 통해 한 명에게는 학생, 또 다른 한 명에게는 교사 역할을 부여했습니다.

교사 역할의 참가자가 학생 역할의 참가자를 의자에 묶고 전기 충격기의 발전기가 있는 맞은편 방으로 들어가면 실험이 시작되었습니다.

묶여 있는 학생에게는 단어 따라 읽기 게임이 주어졌는데, 학생이 오답을 말하면 교사가 전기 충격을 가하는 방식으로 실험이 전개되었습니다. 발전기에는 15볼트에서 450볼트까지 표시되어 있었는데, 마지막 450볼트 옆에는 위험, 극도의 충격이라고 적혀 있었습니다.

••• 스탠리 밀그램과 실험에 사용된 전기 충격기

실험은 학생이 오답을 말하면 교사가 단계적으로 전압을 높여가는 방식으로 진행되었습니다. 처음에 학생은 오답일 경우 조금 따끔한 정도의 충격을 받았지만 서서히 단계가 올라갈수록 심한 충격이 가해졌습니다. 100볼트가 넘어가자 학생은 실험을 그만하자며 나가게 해달라고 소리를 질렀습니다. 하지만 실험자는 무표정한 얼굴로 계속할 것을 요구했습니다. 실험자는 이 실험으로 영구적인 손상은 없을 것이며 자신이 모든 책임을 지겠다고 말했습니다. 실험자의 의지가 너무나 확고하자 교사 역할을 맡은 사람은 실험을 계속 진행했습니다. 물론 틀릴 때마다 전기 충격 강도는 더욱 높아졌죠.

150볼트에 다다르자 학생이 심장병이 있다며 실험을 제발 그만두라고 비명을 질렀습니다. 하지만 실험자는 눈 하나 깜짝하지 않으며 계속하라고 말했습니다. 강제로 버튼을 누르게 만든 것도 아니고 그저 뒤에서 계속하라고 말할 뿐이었죠.

전기 충격이 300볼트가 넘어가자 마침내 학생은 기절해버리고 더 이상 반응이 없게 됩니다. 교사 역할의 피실험자는 또다시 당황하지만 실험자는 냉담하게 이야기합니다.

"계속하세요. 침묵은 오답으로 처리합니다."

실험자의 말에 교사는 기절한 사람에게 또다시 전기 충격을 가했습니다. 몇몇은 도저히 못 하겠다며 박차고 일어났지만, 대부분의 피실험자는 순순히 앉아 또다시 버튼을 눌렀습니다.

여기까지 읽은 분들은 예상하셨겠지만, 이것은 교육과 처벌의 상관관계와는 전혀 관련 없는 권위 복종 실험이었습니다. 전기 충격은 가짜였고 학생 역할을 한 사람은 실험 내용을 다 알고 있는 연기자였습니다. 고통스러워하거나 소리를 지르고 실신한 연기를 한 것일 뿐이었죠. 물론 교사 역할을 하는 사람은 그런 사실을 까맣게 모르고 있었습니다.

그렇다면 과연 얼마나 되는 사람들이 최고 위험 단계인 450볼트까지 전기 충격을 가했을까요? 실험을 시작하기 전 40명의 정신과 의사와 심리학자 들은 많아도 1퍼센트 내외일 것이라고 예상했습니다. 그리고 300볼트 이상의 전기 충격을 가하는 사람도 4퍼센트 정도일 것이라 예상했죠. 또한 실험 전 예일대 학생들을 대상으로 한 설문조사에서 '만약 누군가가 당신에게 비인간적인 행위를 요구한다면 따르겠느냐'라는 질문에 '그럴 수 있다'가 5.4퍼센트, '그럴 수 없다'가 92퍼센트라는 결과도 나왔습니다.

하지만 단 12.5퍼센트만이 300볼트 이하에서 자의적으로 실험을 중단했습니다. 그리고 놀랍게도 무려 65퍼센트의 피실험자가 사람이 죽

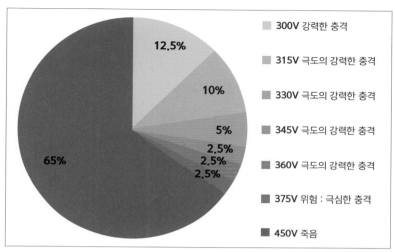

| 300V 강력한 충격
| 315V 극도의 강력한 충격
| 330V 극도의 강력한 충격
| 345V 극도의 강력한 충격
| 360V 극도의 강력한 충격
| 375V 위험 : 극심한 충격
| 450V 죽음

••• 스탠리 밀그램의 권위 복종 피실험자들의 결과 분포도

을 수 있다는 사실을 인지했음에도 450볼트까지 전압을 올렸습니다. 그리고 450볼트까지 전기 충격을 가한 사람들은 대부분 이렇게 이야기했다고 합니다.

"실험자가 책임지겠다고 말했고, 나는 그저 지시에 따랐을 뿐이다."

어라, 어디서 많이 들어본 것 같지 않나요?

권위 복종으로 살인까지 가능할까?

실험 종료 후 밀그램은 피실험자들에게 실험에 대한 내용을 모두 밝혔습니다. 65퍼센트에 포함된 사람들은 자신이 그렇게 끔찍한 행동을 단순히 권위 있는 누군가의 명령에 의해 행했다는 사실에 엄청난 충격을 받았습니다. 몇몇은 극심한 외상 후 스트레스 장애 증상을 보이기도 했죠.

스탠리 밀그램의 이 실험은 이후 심리학 역사상 가장 비윤리적인 실험으로 꼽혔습니다. 심리학 실험 윤리강령 등이 이를 계기로 만들어지기도 했죠. 물론 그는 처음 실험을 계획하면서도 그렇게 많은 사람이 고작 시간당 4.5달러의 대가로 순순히 자신의 지시에 따를 것이라고는 생각하지 않았습니다. 하지만 너무나 많은 사람이 권위에 쉽게 복종하는 것을 알고 난 후 그는 냉소적인 성격이 되었다고 합니다.

한편으로 이 실험 자체가 일부 조작되었다는 주장도 있습니다. 총 24번에 걸쳐 진행된 실험에서 밀그램이 원하던 결과에 가장 잘 부합했던 실험에만 의미를 부여했으며, 실험 도중 즉석에서 각본을 멋대로 바꾸거나 스스로 변수 또한 창출해내는 등 비전문적인 방식으로 실험을 진행했다는 점을 그 근거로 꼽습니다. 그러나 이후에 전문 심리학자가 규정을 지켜 진행한 비슷한 방식의 여러 다른 실험에서도 밀그램의 실험과 비슷한 결과가 나왔기에 그의 실험 결과를 전부 부정할 수는 없을 겁니다.

이후 1971년에 스탠포드대학의 필립 짐바르도(Philip Zimbardo) 교수가 시행한 '교도소 실험'과 같은 다른 실험들에서도 밀그램이 도출한 결과와 유사한 결과들을 얻게 됩니다. 개인의 도덕 혹은 비도덕적인 행동이 개인의 고유한 성격 특성 때문이 아니라, 언제 어디서 누구와 함께하는가가 훨씬 중요하다는 결과들이 도출된 것이죠.

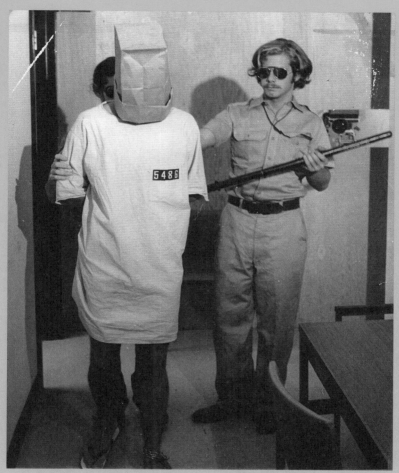

••• 스탠포드대학 교도소 실험. 사회심리학 역사상 가장 유명하고 영향력 있는 연구로 손꼽힌다. 선발된 24명의 대학생이 무작위로 교도관과 죄수 역할을 맡아 가짜 교도소에서 진행되었는데, 시간이 지나며 역할에 지나치게 몰입한 교도관 역의 피실험자들은 죄수 역 피실험자에게 실제로 신체적, 정신적 학대를 가했다.

우리가 복종하는 권위는 어디서 나오는 것일까?

••• 가짜 마이런 폭스 박사

권위와 관련한 재미있는 이야기가 하나 있습니다. 1972년에 '미국 의과대학 협의회 의학교육 연구 학술대회'에서 마이런 폭스(Myron L. Fox) 박사가 '의사 양성을 위한 수학적 게임 이론'을 주제로 열정적인 강연을 펼쳤습니다. 이 분야의 권위자라고 소개된 폭스 박사의 외모는 단정했고 태도와 목소리에는 자신감이 넘쳤습니다. 그는 중간중간 유머와 개인적인 경험담을 섞어 청중이 지루하지 않도록 강의를 이끌었습니다.

학술대회에 참여한 이들은 모두 입을 모아 폭스 박사를 칭찬했습니다. 그가 난해한 주제를 쉽게 풀어냈고, 강연도 전혀 지루하지 않았다고 평가했죠. 심지어 그의 논문을 읽어봤다는 사람도 있었습니다. 강연이 끝나고 난 뒤 한참 동안 열띤 질의응답까지 이어졌습니다.

그런데 사실 이 강연은 한 심리학 실험의 일부였습니다. 사실 마이런 폭스라는 남자는 학자가 아니라 〈배트맨〉, 〈형사 콜롬보〉 등에 출연한 전문 연기자 마이클 폭스였습니다. 게다가 그의 강연 또한 여러 가지 과학 논문을 얼토당토않게 짜깁기해 만든 내용이었고, 개인적인 사례도 모두 즉흥적으로 지어낸 것들이었습니다. 하지만 이 사실을 까맣게 모르던 청중은 가짜 마이런 폭스 박사를 칭찬하기 바빴습니다.

어떻게 이런 일이 일어날 수 있었을까요? 심지어 청중 중에는 '게임이론'의 전문가도 포함되어 있었는데 말이죠. 이 실험을 주도해서 설계한 사람은 도널드 나프툴린(Donald H. Naftulin) 박사로, 교육자에 대한 학생의 평가는 대부분 교육 내용과 관련 없다는 점을 드러내고자 했던 것입니다. 다시 말해 강의 내용 자체는 학습자가 무언가 배웠다는 느낌에 큰 영향을 주지 못한다는 것이죠.

폭스 박사의 엉터리 강의 이후 실시된 설문조사에서 10명은 자신의 사고에 좋은 자극이 되었다고 대답했고, 9명은 폭스가 아주 정확하게 내용을 전달했으며 다양한 예를 들어 재미있게 설명했다고 평가했습니다. 이 강연에 참여한 모두가 이 분야의 전문가였음에도 말이죠.

게다가 더욱 놀랍게도 이 실험 내용을 공개한 뒤에도 청중은 강연 주제와 관련하여 추가로 읽어야 할 자료들을 알려달라고 요청했습니다. 엉터리 짜깁기로 만든 강의 내용이었음에도 불구하고 가짜 폭스 박사의 언변에 홀린 사람들은 정말로 그 주제에 흥미를 느꼈던 것입니다.

이후 비슷한 다른 실험에서도 학생들의 평가는 강의 내용보다도 강의자의 표정, 태도, 자신감 같은 요인에 더 크게 좌우되었습니다. 실험 기획자들은 이 결과물을 두고 강의 평가가 정말 쓸모 있는 것인가 하는 의문을 품을 정도였으니 말이죠.

이러한 실험 결과를 바탕으로 훌륭한 학위, 품격 있어 보이는 옷차림, 자신감 넘치는 태도와 목소리, 단호한 표정 등의 외적인 연출에 사람들이 속아 넘어가는 것을 '폭스 박사 효과'라고 부르게 되었습니다.

폭스 박사 효과가 나타나는 이유는 우리 뇌의 게으름 때문이라고 합니다. 사람의 뇌는 에너지가 많이 소모되는 능동적인 사고 대신 무의

식적으로 작동하기를 좋아합니다. 언제나 더 단순한 해결책을 찾고 싶어 하기에, 그 결과 기존의 편견에 따라 판단하고 행동하는 것입니다. 가령 학위가 많을수록 똑똑하고, 비싼 정장을 차려입은 사람은 유능하다는 단순한 편견이 의사결정 과정에도 개입해 올바른 판단을 가로막는 거죠.

폭스 박사 효과는 이른바 권위자들에게 너무 많은 권한을 허락하게 만듭니다. 그리고 제아무리 똑똑한 사람이라 할지라도 반드시 합리적으로 판단하지 못한다는 사실을 명백하게 보여주었죠. 사람들의 이런 태도에 대해 미국의 정치인 헨리 키신저(Henry Alfred Kissinger)는 이런 말을 남겼습니다.

"유명해지면 가장 좋은 것 중 하나는 내가 말을 지루하게 하더라도 청중이 자신에게 문제가 있어서 그렇다고 생각하는 것이다."

당신은 누구에게 어떤 이유로 권위를 부여하나요? 모든 것을 책임지겠다는 권위자의 말에 사람들은 어디까지 악해질 수 있을까요? 어쩌면 악마는 당신 안에서도 자라고 있을지 모릅니다.

라임양의 영상으로 만나는
당신에게도 찾아볼 수 있는 악의 평범성 ▶

우리는 스트레스에서 벗어날 수 있을까?

스트레스의 존재를 증명한
한스 셀리에

STRESS

우리나라 사람들이 가장 자주 사용하는
외래어 1위가 무엇일까요?
놀랍게도 '스트레스'라고 합니다.
너나 할 것 없이 입버릇처럼 내뱉는
이 스트레스의 정체는 과연 무엇일까요?

스트레스를 최초로 증명하다

종종 원인을 알 수 없는 두통으로 병원을 찾곤 하는데, 그때마다 의사 선생님들이 공통적으로 하는 이야기는 이렇습니다.

"스트레스성이네요. 잠 충분히 자고, 음식 골고루 먹고, 물 충분히 마시고, 스트레스 많이 받지 마세요."

이런 말씀을 하시는 의사 선생님들도 과연 스트레스에서 자유로울지는 의문입니다. 연관이 없을 것 같은 각종 질병의 원인도 스트레스 하나로 설명이 될 수 있을 만큼 스트레스는 현대 사회의 고질병이라고 할 수 있습니다. 그렇다면 이 스트레스라는 것이 도대체 무엇이고 어떻게 발견됐을까요?

다음 페이지에 등장하는 사진 속 인물은 한스 셀리에(Hans Selye) 교수입니다. 이 사람을 빼놓고 스트레스를 설명할 수는 없을 겁니다. 생물학적 접근으로 '스트레스'를 최초로 증명해 내분비학의 새로운 분야를 개척한 학자이자 의사, 화학자입니다. 1907년 오스트리아 빈에서 태어난 셀리에는 1929년 프라하에서 의학 박사학위를, 2년 뒤에는 화

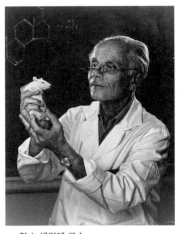
••• 한스 셀리에 교수

학 박사학위를 받았습니다. 미국 존스홉킨스대학을 거쳐 캐나다 맥길대학에서 자리를 잡은 후 당시 가장 주목받던 주제인 호르몬 연구, 즉 내분비학에 뛰어들게 됩니다.

그가 연구에 열중하던 어느 날, 실험실 동료인 한 생화학자가 암소의 난소에서 새로운 물질을 분리해 냈습니다. 내분비학자였던 셀리에는 이 물질이 난소에서 추출되었기 때문에 그때까지 발견되지 않은 새로운 종류의 여성 호르몬일 거라는 가설을 세웠습니다. 이를 입증하기 위해 이 호르몬이 설치류에게 일어나는 현상을 관찰하며 그 영향을 확인하고자 했습니다.

그는 매일 이 새로운 호르몬을 실험용 쥐에게 주사하면서 변화를 관찰하는 연구를 시작했습니다. 그리고 얼마 뒤 아주 놀라운 일이 일어났습니다. 호르몬을 투여한 쥐들의 콩팥 위에 있는 내분비샘인 부신이 커졌고 면역조직은 위축된 데다 위에는 출혈성 궤양이 생겼던 것이죠. 쥐들에게 이런 유의미한 변화가 생겼다는 건 이 새로운 호르몬이 분명 어떤 작용을 하고 있다는 의미였습니다.

실험 결과에 고무된 셀리에 교수는 조금 더 정확도를 높이기 위해 이번에는 대조 실험에 나섰습니다. 한쪽 쥐들에게는 묽은 식염수를 주사하고, 다른 한쪽 쥐들에게는 암소의 난소에서 추출한 호르몬을 주사했습니다. 난소에서 추출한 이 물질이 출혈성 궤양 등의 변화를 일으킨다는 것을 증명하는 과정이었죠.

그런데 이상하게도 대조군인 식염수 주사를 맞은 쥐들도 새로운 호르몬을 맞은 쥐들과 비슷한 변화를 보였습니다. 묽은 식염수 주사를 맞고 이런 변화가 일어날 리 없었는데 말이죠. 셀리에 교수는 신장과 비장에서 추출한 다른 물질로도 실험해봤지만 무엇을 주사하던 같은 결과가 나왔습니다. 결국 그는 실험 쥐들이 보인 변화가 추출한 호르몬과는 관련이 없다고 결론을 내리게 됩니다.

쥐들은 왜 다른 물질에 같은 반응이 일어났던 걸까?

셀리에 교수는 쥐들에게 공통으로 노출된 혹은 쥐들이 공통으로 경험한 무언가를 생각하기 시작했습니다. 그리고 불현듯 한 가지 깨달음을 얻게 되죠. 쥐들이 병에 걸린 이유는 투여된 성분 때문이 아니라 실험에서 겪은 어떤 경험 때문이었던 것입니다.

쥐를 다루는 데 서툴렀던 셀리에 교수는 실험을 진행할 때마다 한바탕 소동을 일으키곤 했습니다. 이에 쥐들은 그의 손길을 피해 숨을 곳을 찾아 도망 다니면서 여기저기 주삿바늘에 찔리기도 했습니다. 결국 셀리에는 자신의 형편없는 손재주 때문에 쥐들이 공통적으로 불쾌한 경험을 했고, 이로 인해 알 수 없는 신체 변화가 일어난 것이라는 가설을 세웁니다. 그리고 곧바로 이를 증명할 실험에 착수했죠.

이를 증명하고자 그는 한겨울에 쥐들을 연구소 지붕 위에다 올려놓기도 하고, 뜨거운 보일러실에 두기도 했습니다. 더 나아가 일부러 상처를 낸 뒤에 치료하기, 휴식시간 없이 운동 시키기, 꾸준히 엄청나게 큰 소음 들려주기, 각종 위험 약물 투여하기, 척수 일부 절단하기 등 실험용 쥐를 괴롭힐 수 있는 온갖 방법을 동원했습니다. 그러자 쥐들은 48시간 이내에 근육 긴장이 사라졌고 소화기 궤양이 생겼으며, 면역체계에 장애가 생긴 뒤에는 얼마 지나지 않아 죽어버렸습니다.

1963년, 셀리에 교수는 온갖 방법으로 쥐들을 고문해 얻어낸 연구 결과를 과학 저널 《네이처(*Nature*)》에 한 페이지짜리 짤막한 논문으로 발표합니다. 논문 제목은 「다양한 유해 자극으로 생긴 증후군(*A Syndrome Produced by Diverse Nocuous Agents*)」이었습니다. 셀리에 교수는 어떤 자극으로 손상을 입히든 같은 증상이 나타난다며, 이 현상을 일반적응증후군(General Adaptation Syndrome, GAS)이라고 이름 붙입니다. 일반적응증후군은 지속적으로 스트레스를 받았을 때 그 종류와 관계없이 일어나는 신체적·생리적 증상으로 경고, 저항, 탈진이라는 총 3단계의 과정을 일컫습니다.

셀리에 교수는 자신이 쥐들에게 가한 행동과 쥐들의 몸에 나타난 반응을 모두 설명하기 위해 '스트레스'라는 물리학 용어를 사용했습니다. 원래 스트레스란 물리학에서 어떤 물체가 외부로부터 힘을 받아 구조적으로 불안정한 상태를 의미하는 말이었는데, 우리가 알고 있는 의학적 의미로 이때 처음 등장하게 된 것입니다.

셀리에는 내분비학자가 되기 전 의사로서 수많은 환자를 진찰했습니다. 그들 중에는 진단받은 질병의 증상 외에도 식욕부진, 발열, 피로 등과 같은 증상들이 동반되었는데, 셀리에는 이러한 증상들을 '병증'이라고 불렀습니다. 이후 실험을 통해 스트레스 때문에 병에 걸려 죽어가던 쥐들에게서 특별한 질병 요인 없이 병증을 앓던 환자들의 모습을 떠올리게 되었습니다. 아마 그 환자들도 실험용 쥐들처럼 외부에서 스트레스를 받는 환경에 노출되어 비슷한 증상이 나타난 게 아닐까 하고 생각하게 된 것이죠.

이러한 셀리에 교수의 연구는 학계의 많은 관심을 받았습니다. 셀리에 또한 1,500건이 넘는 논문 보고와 15건의 학술 논문 등 초인적인 연구 능력을 내세우며 이 분야의 권위자가 되었습니다. 셀리에 교수의 발견으로 의학과 생리학 분야에서 외부에서 가해지는 자극에 의해 생체 내에서 일어나는 생물학적 반응을 스트레스라는 용어로 본격적으로 사용하게 되었고, 우리가 일상생활에서 경험하는 부정적인 현상들을 모두 스트레스라는 이름으로 설명할 수 있게 됩니다.

스트레스는 어떤 단계를 걸쳐 우리에게 나타날까?

셀리에 교수는 앞서 말한 논문에서 일반적응증후군이 3단계(경고, 저항, 탈진)에 걸쳐서 일어난다고 설명했습니다.

초기 스트레스 단계에서는 '경고' 증상이 나타납니다. 우리가 흔히 겪는 증상도 포함되어 있는데, 입과 혀가 헐고 두통, 미열, 피로, 식욕 부진, 무력감, 근육통, 관절통 등의 증상이 나타나며 체온이 떨어지고 소화기관이 손상되기 시작합니다. 이 스트레스가 경고 단계에서 해소되지 않은 상태로 지속되면 몸의 성장이 멈추고 생식선이 위축되기 시작하는데, 이 단계를 '저항' 단계라고 부릅니다.

저항 단계가 되면 신체는 뇌하수체에서 스트레스 반응을 완화시키고자 노력합니다. 초기에 나타났던 대부분의 증상이 사라지고, 스트

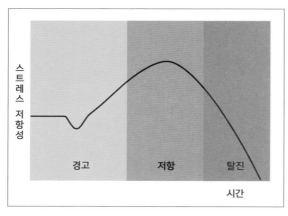

••• 스트레스 저항성 그래프

레스에 대한 저항력이 높아지게 됩니다. 하지만 이러한 저항 단계도 1~3개월 이상 지속되면 '탈진' 단계로 넘어가게 됩니다.

탈진 단계가 되면 스트레스에 대한 뇌하수체의 완화 반응이 사라지게 되고, 초기 단계에서 보였던 궤양, 우울, 소화장애, 심혈관계 장애 등 여러 증상이 다시 나타나게 되죠. 하지만 초기와는 다르게 이제는 회복이 불가능하기 때문에 질병으로 발전하거나, 심할 경우 사망으로 이어질 수 있는 만병의 근원이 된다고 합니다.

생존을 위해 생겨난 투쟁-도피 반응

비슷한 시기에 하버드 의과대학 심리학자인 월터 캐넌(Walter B. Can-non)도 외부 위협에 반응하는 동물들의 공통적인 반응을 연구했습니다. 이를 통해 결과물로 얻어낸 것이 '투쟁-도피(fight or flight)' 반응입니다.

144 라임양의 별난 **인문학썰**

••• 투쟁-도피 반응을 연구한 월터 캐넌

캐넌의 연구의 따르면, 동물들은 위협을 느낄 때 아드레날린이 분출되고 교감신경이 크게 활성화되었습니다. 활성화된 교감신경은 몸을 전투태세에 돌입시키는데, 심장을 빠르게 뛰게 하고 혈액을 신체 말단으로 돌리며 소화 기능과 기타 불필요한 기능들은 느려지거나 정지됩니다. 캐넌은 이것을 투쟁-도피 반응이라고 명명했고, 이런 변화는 생존을 위해 투쟁하는 동안 자연스럽게 나타납니다.

투쟁-도피 반응은 실험 대상이었던 개와 고양이에게만 있는 특징이 아니라 맥박이 뛰는 생명체라면 어느 종에서나 존재했습니다. 이러한 반응은 인간을 포함한 수많은 동물의 목숨을 구했고, 생존에 적합한 이 능력은 DNA를 통해 자연적으로 지금까지 보존되어 왔습니다.

스트레스 연구 이면에 숨은 담배회사의 음모

셀리에 교수의 연구 이후에도 이처럼 학계에서는 스트레스에 관한 연구가 꾸준히 진행되었습니다. 그리고 스트레스가 실제로는 부정적이지 않다거나, 긍정적인 효과가 상존한다는 연구 결과들도 나오기 시작했지요.

과연 스트레스에도 긍정적인 효과가 있을까요? 이 논의를 시작하려면 먼저 스트레스 연구에 관한 숨은 이야기, 담배회사 필립모리스와 셀리에 사이에 이뤄진 모종의 거래 일화부터 시작해야 합니다.

스트레스에 관한 연구 결과가 속속 발표될 무렵, 한편으로 담배의 유해성에 대해서도 하나둘씩 밝혀지고 있었습니다. 이에 위기감을 느낀 담배회사들은 셀리에의 스트레스 이론에 주목하기 시작했죠. 담배회사 필립모리스는 셀리에 교수에게 연구비를 지원하는 대신 미국 의회에서 흡연이 스트레스를 예방할 수 있는 좋은 방법이라고 증언할 것을 제안합니다.

결국 셀리에 교수는 3년간 15만 달러라는 거금의 연구비를 받고 흡연이 암 발생의 원인이라고 볼 수 없다는 증언을 하고 맙니다. 필립모리스는 이를 토대로 흡연이 스트레스 해소에 도움이 된다는 식으로 마케팅을 펼쳤죠. 훗날 셀리에 교수의 연구비 대부분이 담배회사로부터 지원받았다고 밝혀지기도 했습니다.

건강을 연구하는 학자가 건강을 해치는 담배를 옹호하는 웃지 못할 상황이 벌어지게 되자 사람들은 이제 스트레스 이론 자체를 의심하고 나섰습니다. 또한 학계에서도 셀리에가 과학 연구의 독립성을 훼손시켰다고 비판했습니다. 게다가 그의 연구 과정에 의심해볼 만한 대목도 있었습니다. '과연 쥐들이 받았던 스트레스와 현대인들이 일상에서 받는 스트레스가 같은 것일까?'라는 의문점이 쏟아진 것이죠. 앞서 보았듯이 실험실 쥐들에게 노출된 스트레스는 우리가 생각할 수 있는 최악의 상황들이었습니다.

게다가 셀리에 교수의 스트레스 연구 평판이 나빠지게 되자 이와 비슷한 월터 캐넌의 투쟁-도피 반응 연구도 책임을 회피할 수 없었습니

••• 만병의 근원이라고 불리는 스트레스는 과연 부정적인 영향만 끼칠까?

다. 그가 개나 고양이에게 투쟁-도피 반응을 이끌어낸 연구 방법은 상당한 논란을 낳았습니다. 그가 선호한 방법 중에는 고양이의 입과 코를 틀어막아 여러 번 질식에 이르게 한다든지, 공격적인 개와 고양이를 한 방에 집어넣어 싸우게 만들기 등이 있었습니다.

비인도적인 연구 방식도 그렇지만 현대인들에게 일상생활 중 질식으로 생존의 위협을 받는다든지, 목숨을 걸고 누군가와 싸워야 하는 일은 흔히 일어나지 않습니다. 이는 수렵채집 시절처럼 언제 죽을지 모르는 위협이 도사렸던 원시 인류에게는 잘 적용되었을지 모르지만, 시대와 환경이 달라진 오늘날의 사람들에게는 맞지 않는 이론이라는 주장이 맞서게 된 것입니다.

스트레스와 호르몬

최근 발표된 자료들에 따르면, 스트레스에는 긍정적인 영향도 상당하다고 합니다. 우리 몸은 스트레스를 받으면 먼저 '코르티솔(cortisol)'이라는 호르몬을 분비합니다. 코르티솔은 스트레스 호르몬이라는 이름에 걸맞게 스트레스로 인한 신체 반응 중 생리기능을 억제시키는 작용을 하게 되죠. 스트레스를 받았을 때 소화가 안 된다든지 갑작스러운 두통이나 피로감을 느끼거나 불면증이 생기는 것도 코르티솔이 만들어내는 스트레스 반응입니다.

하지만 똑똑한 우리 몸은 스트레스를 받았을 때 무조건 코르티솔만 분비하지는 않습니다. 코르티솔과 함께 데히드로에피안드로스테론(dehydroepiandrosterone), 줄여서 DHEA라는 호르몬을 분비하는데 이는 신경 스테로이드의 일종으로 두뇌 발달을 돕습니다. 스트레스를 경험할 때 뇌가 더욱 건강하게 발달하도록 돕기도 하고, 상처 회복 속도를 높이고 면역기능을 강화시키기도 합니다. 그래서 코르티솔 대비 DHEA의 비율을 '스트레스 반응에 대한 성장지수'라고 부릅니다. 그러니까 이 성장지수가 높아지면 스트레스를 받으면서도 별문제 없이 생활할 수 있게 된다는 것이죠. 뿐만 아니라 또 다른 호르몬도 분비되는데, 그 이름도 유명한 아드레날린(adrenaline)입니다.

아드레날린에 관해서는 많이들 들어보셨을 겁니다. 예컨대 어느 평범한 엄마가 자동차 밑에 깔린 아이를 보고 갑자기 괴력을 발휘해 구해냈다는 기사를 본 적 있으신가요? 바로 아드레날린 때문에 가능한 일입니다. 아드레날린이 분비되면 신체의 감각이 날카롭게 깨어납니다. 눈동자가 팽창하면서 더 많은 시각 정보를 빠르게 받아들이게 되고, 청각 또한 예민해지고, 뇌는 감각기관에서 받아들인 정보를 더 빠르게 처리합니다. 그 외에 즉각적인 생존에 필요 없는 감수성, 창의력 같은 기능은 모두 정지시킵니다. 지금의 상황과 신체의 기능에만 고도로 집중하게 만드는 것이죠. 만약 우리가 맹수에게 쫓기며 생명의 위협을 느끼는 상황에 놓였다면 조각구름을 보며 감상에 젖거나 시상이 떠오르거나 하지는 않겠죠.

최근에는 스트레스 상황에서 '옥시토신(oxytocin)' 분비가 증가하고 그것이 친사회적 배려 행동으로 이어진다는 사실이 알려졌습니다. 옥시토신의 주된 기능은 사회적 유대를 조성하고 강화시키는 것인데 때문에 사랑의 분자, 포옹 호르몬이라는 별명도 가지고 있습니다. 옥시토신은 뇌의 공포반응을 둔화시켜 용감해지게 만들고, 투쟁-도피 반응을 억제시켜 우리가 소중하게 여기는 사람들을 보호할 동기를 부여합니다.

스트레스를 이겨내는 긍정적인 사고방식

이렇게 스트레스는 부정적인 반응과 동시에 완충작용을 하는 긍정적인 호르몬들도 같이 분비시키는데, 이 긍정적인 효과를 누리려면 마음가짐 또한 중요하다고 합니다. 모든 사람은 사물이나 현상을 바라보는 자신만의 인식을 지니고 있습니다. 내가 스트레스를 어떻게 인식하느냐에 따라서 그에 대한 사고방식 또한 고착화됩니다.

사고방식은 개인의 선호도나 지적인 견해를 초월해 우리의 인생을 반영하는 핵심 같은 것입니다. 모든 일에는 이유가 있다거나, 사람들은 변하지 않을 것이라는 생각처럼 어떤 문제에 대해 생각하는 태도가 바로 사고방식이죠. 어떻게 사고할 것인가는 사실 나의 선택이지만 많은 사람이 그렇게 느끼지 않습니다. 마치 세상이 돌아가는 이치에 대한 정확한 평가처럼 여기곤 하죠.

스트레스 또한 결국 마찬가지입니다. 스트레스에 대한 우리의 사고방식이 우리 삶에도 영향을 주게 되는 것입니다. 내가 스트레스를 받고 있고 스트레스가 해롭다고 굳게 믿고 있다면, 내 삶의 영역들을 조금씩 내주게 됩니다. 마감 일자 맞추기, 마트에서 줄 서기, 집안일 하기 등 사소한 일상의 경험이 나의 건강과 행복을 위협하는 요소로 보이기 시작하는 거죠.

그러다 보면 자연스레 이 경험들에 대한 불평불만이 늘어납니다. 하지만 이렇게 계속 불평불만만 늘어놓는다면 사고 자체가 짜증에 물들어 아무리 짜증을 내도 스트레스가 해소되지 않고 더 짜증만 나는 부정적인 심리 상태의 악순환이 이어지기도 합니다.

호르몬들의 작용에서 보듯이 스트레스는 부정적인 것도 긍정적인 것도 아닐 수 있습니다. 그저 생존을 위해 유전자가 진화시켜온 능력이죠. 오히려 어떻게 생각하고 행동하느냐가 스트레스에 대한 경험을 바꿀 수 있습니다. 스트레스 반응을 유익하다고 여기기로 했다면 내 몸은 다가올 스트레스에 맞서게 해주는 호르몬을 더 많이 분비할 겁니다. 그러니 앞으로 스트레스를 받는 일이 생긴다면, 한 번쯤은 다르게 생각해보는 것도 좋지 않을까요?

라임양의 영상으로 만나는
스트레스의 존재를 증명한 한스 셀리에 ▶

10

우리는 이미
선동되어 있다?

마케팅의 대부
에드워드 버네이스

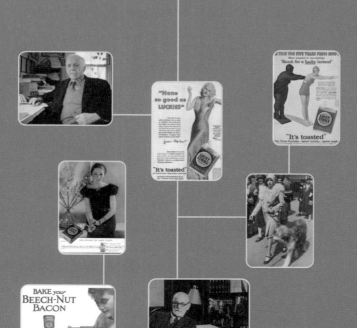

Biography
of an idea:
memoirs of
Public Relations
Counsel
Edward L. Bernays

당신이 믿고 있는 진실이 사실은
선전과 선동의 결과물이라면 어떤 생각이 드나요?
이번에는 현대 홍보업계의 아버지이자,
선전을 예술의 경지로 끌어올린 인물로 추앙받는
에드워드 버네이스의 이야기입니다.
아마도 그의 이름을 들어본 적도 없는
이들이 대부분일 테지만, 버네이스가 구사한
선전 전략들은 아직도 우리의 삶
구석구석에 영향을 미치고 있습니다.

프로파간다를 새로운 세계로 이끌다

흔히 우리가 선동, 선전이라는 뜻으로 알고 있는 프로파간다(Propaganda)라는 단어는 원래 로마 가톨릭에서 신앙의 포교를 전담하는 추기경들의 위원회(Congregatio de Propaganda Fide)를 가리킨 말이었습니다. 'Propaganda'는 라틴어로 '확장'을 뜻하는데 때문에 이 단어는 19세기까지 종교적 느낌을 강하게 띠고 있었죠.

그러다 제1차 세계대전을 거치는 동안 영국과 미국 정부의 대국민 선전 활동을 계기로 프로파간다는 점차 부정적인 의미로 인식되었습니다. 대중을 대상으로 '선전'을 하는 것은 뭔가 꿍꿍이가 있다고 여기는 대중의 인식 때문입니다. 발명가나 장인이 존중받던 당시의 비즈니스 세계에서도 선전이나 홍보는 소위 잡부의 일로 천대받았습니다.

하지만 제1차 세계대전 후 미국에 닥친 경제적 호황은 소비시장의 팽창으로 이어졌고, 미디어의 발달로 기업들은 물건을 만드는 것보다 파는 것에 더 초점을 맞추게 되었습니다. 홍보와 마케팅의 중요성이 점점 더 커져갔죠.

••• 미국의 시사잡지 《라이프》에서 20세기 가장 영향력 있는 미국인 100명 중 한 사람으로 에드워드 버네이스를 선정할 만큼 그가 전 세계인에게 끼친 영향력은 엄청나다.

에드워드 버네이스(Edward Bernays)는 당시 신문광고와 광고판이 전부이던 홍보의 영역을 과학과 산업의 분야로 편입시켰습니다. 특히 대중심리학과 프로이트의 정신분석학을 결합한 새로운 선전 방식은 현대 마케팅의 근간을 이루게 됩니다. 버네이스는 홍보를 '사람들의 동의를 이끌어내는 과학적 설득'이라는 새로운 정의를 앞세워 이 분야에 새로운 장을 열은 인물이었습니다.

홍보에 정신분석학을 결합하다

버네이스가 선전에 정신분석학을 결합할 수 있었던 이유는, 정신분석학의 창시자 지그문트 프로이트(Sigmund Freud)와 그가 아주 가까운 사이였기 때문입니다. 프로이트의 아내인 마사 버네이스가 에드워드 버네이스의 고모였고, 그의 어머니 안나 프로이트는 프로이트의 여동생이었습니다. 버네이스와 프로이트 집안은 이렇듯 겹사돈 관계로, 에드워드 버네이스는 지그문트 프로이트의 친조카이자 처조카인 셈이죠.

오스트리아 빈 출신인 그는 한 살 때 가족과 함께 미국 뉴욕으로 건너갔습니다. 성공한 곡물상이었던 아버지의 권유로 코넬대학교에서 농학을 전공한 버네이스는 졸업한 뒤에 뉴욕시 상품거래소에서 곡물 유통을 담당했습니다. 그러다 별안간 그 일을 그만두고 친구가 운영하던 의학 잡지사에서 기자로 일하며 홍보 업무를 시작합니다.

그리고 얼마 지나지 않아 발발한 제1차 세계대전에서 연방공보위원회(CPI)에 발탁됩니다. 본격적으로 홍보 전문가로 활동하기 전이었음

에도 독일에 맞서 선전 분야에서 뛰어난 두각을 드러내며 곳곳에 영향을 미치기 시작했죠.

일례로 당시 체코슬로바키아의 독립운동 지도자였던 토마시 가리크 마사리크는 토요일에 체코슬로바키아의 독립을 선언할 예정이었습니다. 하지만 버네이스가 차라리 일요일에 독립을 선포해 월요일 조간신문에 크게 알릴 수 있도록 조언했고, 이에 따라 체코슬로바키아의 독립선언은 예정보다 하루 늦어진 1918년 10월 18일이 되었습니다.

1919년, 홍보업 전문가로서 자질을 입증받은 버네이스는 뉴욕에서 세계 최초로 'PR 고문'이라는 직함으로 전문 사무실을 열게 됩니다. PR 고문이란, 기업의 동향과 생각을 대중에게 전달하는 동시에 대중의 의중을 새로운 기업에 소개하거나 집단에 전달하는 홍보 전문가를 말합니다.

또한 1923년에는 뉴욕대학교에서 세계 최초로 '홍보(Public Relations)'라는 교과 과정을 열고 세계 최초의 홍보 전문서 『여론 정제(*Crystallizing Public Opinion*)』를 출간하게 됩니다.

미국인들의 식습관을 바꿔버린 버네이스의 선전

1920년대에 들어서며 미국 사회에서는 남녀 모두에게 날씬한 몸매가 인기를 끌게 되었습니다. 이에 미국인들은 토스트와 주스나 커피 등으로 가볍게 아침식사를 해결하는 경우가 많아졌습니다. 때문에 지속적인 매출 하락으로 고민하던 미국 최대 베이컨 제조회사 '비치너트 패킹 컴퍼니(Beech Nut Packing Company)'는 선전의 귀재로 알려진 버네이스에게 이를 타개할 방안을 부탁하게 됩니다.

이에 버네이스는 신문 지면과 광고판에 '맛있는 베이컨이 있어요!' 같은 기존의 진부한 선전 방식을 깨버리고, 아예 미국인들의 식습관을 바꿔버릴 만한 새로운 아이디어를 떠올리게 됩니다. 그는 뉴욕의 유명 내과의사를 고용해 전국의 내과의사들에게 아침식사에 관한 설문을 받게 했습니다. 그 내용은 대략 다음과 같습니다.

Q: 아침을 잘 먹는 게 건강에 좋죠?
A: 네, 물론입니다.

Q: 단백질 섭취도 중요하지 않습니까?
A: 그렇죠.

Q: 그렇다면 베이컨에 단백질이 들어 있습니까?
A: 그렇습니다.

버네이스는 내과의사들이 베이컨을 아침식사용으로 선호하는지를 물어본 게 아니라, 단지 몇 가지 질문으로 가벼운 아침식사보다 든든한 아침식사가 밤사이 잃은 에너지를 보충하는 데 더 좋다는 답변을 받아내게 됩니다. 이후 곧바로 '내과의사들은 든든한 아침식사를 선호한다', '4,500여 명의 내과의사들이 든든한 아침식사를 권하다'라는 신문 기사를 실었습니다. 동시에 같은 지면에 베이컨과 달걀이 중요한 아침식사 메뉴임을 부각시키는 기사를 배치했죠. 두 개의 기사를 같이 읽은 사람들이 자연스럽게 '베이컨과 달걀을 챙겨 먹는 든든한 아침식사를 해야겠군!'이라는 생각을 하게끔 만들어버린 것입니다. 사람들이 건강에 관련해서는 의사에게 의지하고, 그들의 충고를 따른다는 것을 이용한 것이죠. 물론 버네이스는 거짓말은 하지 않았습니다.

버네이스의 전략으로 이후 비치너트 패킹 컴퍼니의 매출은 급상승하게 됩니다. 대부분의 미국인은 아직도 당연하다는 듯이 일상적으로 아침에 달걀과 베이컨을 먹고 있습니다.

••• 비치너트 패킹 컴퍼니의 베이컨 제품 홍보 포스터

담배를 피면 여성의 자유가 신장된다?

••• 최초의 스타 마케팅으로 꼽히는 광고

제1차 세계대전을 거치며 남성들의 흡연율이 급증하자 담배회사들은 큰 수익을 올렸습니다. 미국 담배회사 '아메리칸 타바코 컴퍼니(American Tobacco Company)'는 이에 만족하지 않고 여성을 새로운 고객층으로 확보하기 위해 버네이스에게 홍보를 의뢰합니다. 그는 먼저 상류층 귀부인이나 유명인사가 담배를 피우는 모습을 선전에 적극 이용했습니다. 1930년대 최고의 여배우였던 '진 할로우(Jean Harlow)'를 홍보모델로 발탁해, "럭키 스트라이크보다 좋은 건 없어"라는 캐치프레이즈를 만들어냈습니다. 요즘도 마케팅의 정석으로 통하는 이른바 '스타 마케팅'을 최초로 시도한 거죠.

또한 이번에도 의료계 권위자들을 내세웠습니다. 이 제품은 구운 담배라 자극적이지 않고 기침도 나지 않는다며 구강 살균, 신경 안정의 효과가 있다고 선전했죠. 또한 당시 유행하던 날씬한 몸매를 위해 초콜릿 같은 고열량의 디저트를 먹는 대신 담배를 피워야 한다고 홍보했습니다.

••• 담배가 다이어트에 도움이 된다는 과대 광고 ••• '자유의 횃불' 캠페인

　버네이스의 홍보 전략은 여기서 끝나지 않았습니다. 여성들이 럭키 스트라이크 담배에 불을 붙이는 것은 단순히 담뱃불이 아니라 여성의 '자유의 횃불(Torches of Freedom)'에 불을 당기는 행위라고 선전하기 시작합니다.

　여성들은 지금까지 담배를 피울 권리가 있었으나 남성들의 억압으로 피우지 못하고 있었으며, 나아가 여성 흡연을 '자유의 횃불'이라는 여권 신장의 상징으로 만들기에 이릅니다. '여성의 노상흡연을 허락하라'라는 슬로건을 내걸고, 자유를 상징하는 부활절에 아름다운 여인들이 담배를 피우며 맨해튼 5번가를 행진하는 퍼레이드도 벌입니다.

　이 같은 '자유의 횃불' 캠페인으로 여성 흡연 인구는 폭발적으로 증가하게 됩니다. 또한 캠페인이 시작된 지 5주 후에는 뉴욕 대부분의 극장에서 여성 전용 흡연실이 만들어졌다고 하니, 당시 버네이스의 홍보가 일으킨 사회적 파장을 짐작할 수 있을 겁니다.

제품을 못 바꾸면 유행을 바꿔라!

'자유의 횃불' 캠페인으로 사회 인식의 전환을 이룬 버네이스의 천재적인 홍보 전략은 '녹색 무도회'에서 또다시 빛을 발하게 됩니다.

캠페인의 성공 이후에도 아메리칸 타바코 컴퍼니의 사장은 다시 버네이스를 찾게 됩니다. 럭키 스트라이크의 녹색 담배갑이 당시 여성들이 좋아하는 의상 색깔과 잘 어울리지 않는다는 이유로 여성들에게 선호도가 점점 떨어지고 있었기 때문입니다. 그러나 회사에서는 제품의 대표색인 녹색을 바꿀 의향이 없었습니다. 이에 버네이스는 그렇다면 지금 유행하는 색상을 아예 바꿔버리자는 파격적인 제안을 하게 됩니다.

버네이스는 당시 뉴욕의 최고급 호텔 월도프 아스토리아에서 '녹색 무도회(Green Ball)'라는 이름의 자선파티를 기획합니다. 그러나 파티의 주최자를 담배회사가 아닌 뉴욕 여성진료소의 회장이자 저명인사였던 나르시사 콕스 밴더립 여사를 내세웠죠. 그리고 자선파티의 이름처럼 반드시 녹색 의상을 입어야 하는 무도회의 초청장을 사교계 저명인사들에게 보내게 됩니다.

동시에 버네이스는 패션 액세서리 업체들과도 접촉해 녹색 무도회를 소개하고 다가올 유행에 대비한 녹색 액세서리를 만들 것을 제안했습니다. 녹색 드레스에 어울리는 장갑, 구두, 손수건, 모자, 보석 등의

••• 버네이스는 제품의 색상을 바꾸지 못하겠다면 당시 유행하는 색을 아예 바꿔버리자는 사고의 발상을 이끌어냈다.

수요도 늘어날 것을 예측했기 때문입니다.

그밖에도 버네이스는 오논다가 실크 컴퍼니(Onondaga Silk Company)의 사장인 필립 보글만을 부추겨 완두콩, 아스파라거스, 허브로 버무린 양고기, 민트 칵테일 등 녹색을 띠는 요리들이 즐비한 녹색 오찬회를 개최하게 했습니다. 또한 헌터칼리지 미술대학 총장을 섭외해 오찬 자리에서 '위대한 미술가들의 녹색'이라는 강연을 열게 해 예술가들이 표현한 녹색의 심리학적인 면을 소개했습니다.

이 같은 행보에 따라 신문사, 잡지사 등은 앞다투어 녹색의 유행을 기사로 실었고, 정말로 1934년에 녹색이 여성들 사이에서 대유행하게 됩니다. '녹색 무도회' 또한 성공을 거두게 되죠. 이렇게 럭키 스트라이크는 자유를 추구하며 관습을 깨뜨린 대담하고 독립적인 여성의 상징이 되었을 뿐만 아니라 유행을 선도하는 세련된 담배의 대명사로 자리 잡으며 여성들에게 불티나게 팔리게 됩니다.

버네이스 신화는 어디서 시작된 걸까?

이 외에도 버네이스는 비누라면 질색하던 아이들의 인식을 바꾸어 공중위생을 개선하기도 하고, 언론을 이용해 과테말라 정권을 전복시키기도 하는 등 탁월한 선전으로 불가능하리라 여겨졌던 많은 일을 해냈습니다. 과연 그렇다면 에드워드 버네이스는 이 모든 일을 어떻게 가능하게 만든 것일까요?

오늘날까지도 유효한 마케팅 전략들을 최초로 선보인 그는 사람들의 집단 습관 같은 심리를 이용해 홍보 전략을 세웠습니다. 당시 프로이트학파의 심리학자들은 인간의 사고와 행동의 상당수는 그동안 억눌러왔던 욕망을 보상하는 성격을 띤다고 주장했습니다. 다시 말해 만약 우리가 무언가를 원한다면, 그 대상이 가지는 고유한 가치나 유용성 때문이 아니라 그 속에서 무의식중에 스스로 인정하기에는 수치스러운 욕망을 보게 되었기 때문이라는 것이죠.

예를 들어 고급 자동차를 구입하는 사람은 이동 수단이 필요해서 차를 산다고 생각할지 모르지만, 사실은 고급 자동차가 사회적으로 높은 지위의 상징이거나 이성에게 잘 보일 수 있는 수단이기 때문일 수도 있다는 것입니다.

버네이스는 어떤 제품이 어디에 좋다는 식으로 직접적으로 선전하는 기존의 방식을 뛰어넘어, 간접적이고 교묘하게 대중에게 신뢰를 얻는 방식을 선호했습니다. 직접적인 선전은 대중이 거부감을 가진다는 것을 이미 파악하고 있었던 것이죠.

그가 말한 선전의 핵심은 이렇습니다.

"아무리 명분이 훌륭한 사회운동도 대중에게 감동을 주지 못하면 실패하기 마련이다. 그러니 대중의 어떤 감정에 호소할 것인지는 깊은 고민이 필요하다. 아무 관계도 없는 감정에 호소한다면 일찍 식상해지며 노력과 비용이 낭비될 뿐이다."

버네이스는 기업이 계속해서 번영하려면 반드시 대중의 호의가 필요하다고 보았습니다. 이것은 우리의 레스형, '아리스토텔레스'가 주장한 설득의 3요소 '로고스, 파토스, 에토스'와 맞닿아 있습니다.

설득의 3요소로 풀어본 버네이스의 선전 이론

첫 번째 '로고스'는 이성을 의미하며, 논리에 기반한 이성적인 설득을 의미합니다. 다시 말해 유용한 기능이나 아름다운 디자인 때문에 이것을 사야 한다고 설득하는 것이 로고스에 해당하죠.

두 번째 '파토스'는 심리에 기반한 감정적인 설득을 의미합니다. 럭키 스트라이크 담배 광고에 감정적인 선망과 동조심리를 담는 선전이 바로 파토스에 해당하죠.

세 번째 '에토스'는 화자의 고유 성품을 의미하며 말하는 사람의 외모, 자세, 목소리, 카리스마 등이 모두 에토스에 속합니다.

아리스토텔레스는 사람들이 화자를 신뢰해야만 설득이 가능하며, 굉장히 매력적인 사람이 주장하면 그에 대한 반론이 아무리 논리적이어도 이길 수 없다고 주장했습니다. 설득의 3요소 중 에토스가 가장 선행되어야 한다고 본 것이죠.

앞서 말한 버네이스의 선전 사례를 읽다 보면, '버네이스는 돈만 받으면 윤리나 도덕, 사람들의 건강 같은 건 신경 쓰지도 않는 인물이구나' 하고 느낄 수도 있습니다. 하지만 1920년대 당시에는 베이컨이 지방과 콜레스테롤 때문에 많이 먹으면 건강에 좋지 않다는 사실이 명확히 밝혀지지 않았으며, 담배의 유해성 역시 잘 알려지지 않았습니다.

버네이스도 훗날 담배의 진실을 알게 된 뒤 담배회사의 광고 대행 업무를 중단했을 뿐만 아니라 미국 PR협회가 더는 흡연 습관 보급에 참여하지 못하도록 노력하기도 했습니다. 담배의 진실을 미리 알았더라면 담배 홍보를 받아들이지 않았을 거라 후회하기도 했죠.

이렇게 그의 행보에 대해서는 평가가 엇갈리지만, 그가 사용했던 홍보 기술은 당대에는 충격적이고 신선한 방법이었으며, 현재까지도 엄청난 영향을 미치고 있습니다.

그가 집필한 마케팅 도서의 고전으로 불리는『프로파간다』의 한 구절로 이번 이야기를 마무리할까 합니다.

> "대중이 광고 방법에 대해 아무리 까다롭고 냉소적으로 나온다고 할지라도 결국에는 반응하게 되어 있다. 대중은 늘 음식을 필요로 하고, 오락을 갈구하고, 아름다움을 동경하고, 지도자를 따르기 때문이다."

라임양의 영상으로 만나는
마케팅의 대부 에드워드 버네이스 ▶

11

미세먼지로
사람이
죽을 수도 있다?

전쟁보다 많은 사상자를 낸
세계 3대 대기오염 참사

매일 아침 날씨 예보와 함께
미세먼지 농도를 확인하는 것이
언젠가부터 자연스러운 일상이 되었습니다.
이번 장에서는 미세먼지를 비롯한
대기오염으로 전 세계인이 어떤 심각한
위험에 처했었는지 살펴보려 합니다.

우리의 숨통을 조여오는 대기오염

2013년, 세계보건기구는 미세먼지를 1군 발암물질로 규정했습니다. 인간에게 암을 일으키는 것이 확실한 물질에 바로 미세먼지가 포함된 것이죠. 어느새 미세먼지를 포함한 대기오염은 여느 자연재해보다도 심각하게 우리의 생명과 터전을 위협하고 있습니다.

하지만 우리나라에서 미세먼지의 구체적인 유해성이 알려지고 공식적인 대기질 측정이 이루어진 것은 비교적 최근의 일입니다. 과거 미국과 유럽에서는 대기오염의 위험성을 간과한 상태에서 불과 며칠간의 고농도 대기오염으로 엄청난 사망자가 나오는 참사가 발생하기도 했죠. 이런 일들은 도대체 어떤 이유로 일어난 것일까요?

벨기에 뫼즈 계곡 참사

1930년 12월 1일, 짙은 안개가 벨기에 전역을 뒤덮었습니다. 벨기에의 산업 시설이 밀집해 있던 뫼즈 계곡도 예외는 아니었죠. 이때까지는 이 안개가 산업혁명 이후 최초의 대기오염 참사로 이어질 줄은 아무도 알지 못했습니다.

벨기에는 대한민국 면적의 3분의 1밖에 안 되는 작은 나라이나 영국에 이어 두 번째로 산업혁명이 일어났을 만큼 산업 개발에 앞서가던 강소국이었습니다. 특히 남동부에 위치한 '리에주'는 벨기에의 주요 산업 도시로 급성장하고 있었습니다. 산업의 핵심 자원인 석탄과 철광석 매장량이 풍부했고, 도시를 관통하는 뫼즈강이 네덜란드를 지나 북해까지 이어져 있어 물류 이동에도 유리했죠.

이에 뫼즈강과 계곡 주변에는 석탄 가공, 제철과 제강, 구리 제련, 아연 제련, 황산 제조 등 중공업 지역이 형성되었는데, 27개의 크고 작은 공장들이 설립되고 이곳에 종사하는 노동자 인구 또한 30만 명에 이를 정도였습니다.

편서풍과 대양의 영향을 많이 받는 해양성 기후 지역에 위치한 벨기에는 겨울철에 특히 많은 비가 내립니다. 1930년 12월 1일, 뫼즈 계곡 주변의 짙은 안개를 마주한 사람들은 여느 때와 같이 이를 대수롭지 않게 생각했죠. 하지만 웬일인지 바람이 불지 않아 1일에 시작된 안개는 5일 동안이나 계속되면서 점점 어둡고 짙게 변해갔습니다.

노약자들은 첫날부터 목의 통증을 호소했고, 날짜가 지날수록 건강한 사람들도 인후통과 흉통 등에 시달리며 발작적인 기침과 구토, 메스꺼움을 호소했습니다. 일부 주민들은 폐부종(폐에 체액이 과도하게 쌓여 호흡이 곤란해지는 현상)과 청색증(혈관 내 산소 결핍으로 입술, 손톱, 귀, 광대 부위가 청색으로 보이는 현상) 등을 겪기도 했습니다.

안개가 시작된 지 5일이 지난 12월 6일, 강한 바람이 불어 마침내 짙은 안개가 걷혔습니다. 그러나 안개가 사라진 뫼 즈 계곡 부근은 그야말로 생지옥으로 변해 있었습 니다. 확인된 사상자는 무려 6,000여 명에 달했 습니다. 그중 63명의 사

••• 뫼즈 계곡에 짙게 깔린 스모그

망자를 부검한 결과 폐포에 시커먼 검댕이 빼곡히 박혀 있었고 후두와 기관지에서는 출혈이 발견됐습니다. 주민들뿐만 아니라 가축과 들짐 승까지 모든 생명체가 피해를 입었습니다.

벨기에 정부는 뫼즈 계곡에 이 지역 주민들을 돕기 위한 구조대와 최고 전문가들로 구성된 조사단을 즉각 파견했습니다. 조사단은 다섯 달에 걸친 조사 끝에 참사의 원인을 크게 두 가지로 정리했습니다. 그 리고 이 두 가지 원인은 앞으로 일어날 다른 대기오염 참사들에도 공 통적으로 나타나게 됩니다.

죽음의 나락으로 몰고 간 이산화황과 대기역전 현상

첫 번째 원인으로는 바로 공장에서 사용하던 석탄에 함유된 '황(黃, sulfur)'이 꼽혔습니다. 당시 뫼즈 계곡에서는 석탄을 유일한 에너지원 으로 사용하고 있었습니다. 유럽은 무분별한 벌목으로 16세기 무렵부 터 나무 땔감이 석탄의 가격을 추월했고, 게다가 사용하기 편리하다

••• 산소와 결합해 유독성 기체가 되는 황

는 이유로 자연스레 석탄 사용이 일반화되어 공장은 물론이고 주민들 또한 난방과 취사를 모두 석탄으로 해결하던 상황이었습니다.

그러나 문제는 저품질의 석탄을 태울 때 발생하는 황이 산소와 결합하면서 이산화황(SO_2)이라는 유독성 기체가 발생한다는 점입니다. 이 이산화황은 이후에 다룰 다른 대기오염 참사의 주요 원인이 되기도 하고, 국외에서 우리나라로 유입되는 대기오염 물질의 주요 성분이기도 합니다.

이산화황은 0.05ppm이면 노약자에게 기관지염을 일으키고, 1ppm이면 식물이 말라죽을 정도로 독성이 강합니다. 참사 당시 뫼즈 계곡의 이산화황 평균 농도는 9.6ppm, 최고 38.4ppm 정도로 추정됐습니다. 현재 세계보건기구 기준치의 800배에 달하는 살인적인 농도였던 셈이죠.

게다가 별 다른 처리 과정 없이 배출된 이산화황은 물과 반응하면 황산(H_2SO_4)으로 변하는데, 안개가 잦은 해양성 기후와 결합한 이산화황이 순식간에 독성을 띤 황산 안개가 되었던 것이죠. 게다가 이 황산 안개는 석탄을 태워 발생한 검댕까지 머금고 있었죠. 화학전을 방불케 하는 독성 황산 안개가 닷새 동안 계속 축적되었으니, 뫼즈 계곡 주민들은 숨 쉬는 것만으로도 목숨을 잃을 수밖에 없었던 것입니다.

두 번째 원인은 바로 '대기역전 현상(Atmospheric inversion)' 때문이었습니다. 기온역전 현상이라고도 불리는 대기역전 현상은 우리나라의 미세먼지 관련 뉴스에도 단골로 등장하는 용어입니다. 거의 모든 대기오염 참사에 공통적으로 등장하는 원인이기도 합니다.

일반적으로 대기는 지표면으로부터 멀어질수록 온도가 낮아집니다. 지표면으로부터 받는 지구 복사에너지가 감소하기 때문이죠. 차가운 공기는 무거워서 아래로 가라앉고 따뜻한 공기는 가벼워서 위로 떠오르는 성질을 가지고 있습니다. 온도가 올라가면 공기의 부피가 커지면서 밀도가 낮아지고, 온도가 낮아지면 부피가 줄어들면서 밀도가 커지기 때문입니다. 이러한 공기의 대류 현상이 끊임없이 일어나 대기를 순환시키죠.

하지만 대기역전 현상이 일어나면 반대로 고도가 올라갈수록 공기가 따뜻해지게 되고, 이렇게 되면 바람이 잘 불지 않아 상하층의 공기가 섞이지 않게 됩니다. 지표면에서 발생하는 오염물질이 다 고스란히

••• 대기역전 현상으로 스모그에 파묻힌 카자흐스탄 알마티

가라앉아 머물게 되는 것이죠.

뫼즈 계곡 상공에 발생한 역전층은 그렇게 모든 공장과 가정집에서 발생한 오염물질을 닷새 동안이나 지표면에 가두어버렸던 것입니다. 계곡이라 공기가 퍼지지도 못하는 데다, 안개까지 겹쳐 순식간에 화학무기로 돌변했던 것이죠. 주민들 스스로가 가해자이자 피해자가 된 황당한 상황이었습니다.

조사위원회는 이렇게 '공장의 대기오염 물질'과 '대기역전 현상'을 참사의 두 가지 원인으로 제시했습니다. 그러나 당시 과학기술 수준으로는 결론을 증명할 만한 실험 결과나, 참사 당시의 대기오염 물질을 제시할 수는 없었습니다. 일반적인 가설과 개연성에 따라 도출한 결론일 뿐이었죠. 하지만 훗날 계속된 연구에서 조사위원회의 결론이 대체로 맞았다는 것이 드러났습니다. 다만 당시에는 몰랐던 더 많은 독성 성분들이 새로 밝혀졌을 뿐이죠.

화석연료와 광석을 대규모로 사용하면서부터 대기오염 참사는 필연적일 수밖에 없었습니다. 산업혁명 이후 처음으로 대규모 인명 피해를 입힌 뫼즈 계곡 사건은 계속되는 대기오염 참사들의 서막에 불과했습니다.

미국 펜실베니아 도노라 참사

1875년, 미국 최초의 근대 자본가이자 철강왕으로 유명한 앤드루 카네기(Andrew Carnegie)는 자신의 첫 철강 공장을 미국 북동부 펜실베이니아주 피츠버그에 설립했습니다. 카네기의 철강 공장이 처음 들어선

••• 늘 연기가 자욱했던 도시 도노라

피츠버그는 항상 매캐한 연기가 자욱해 '스모키 시티(Smoky City)'라는
별칭으로도 불렸습니다.

하지만 사고는 피츠버그에서 남쪽으로 48km 떨어진 '도노라(Dono-
ra)'라는 작은 도시에서 발생합니다. 도노라의 인구는 1만 4천여 명으
로 서울의 동 하나만큼도 안 되는 작은 도시였지만, 카네기가 설립한
거대 규모의 US스틸 제철소와 아연 공장이 두 개나 들어서 있었습니
다. 특히 5만 평 규모의 아연 공장은 도노라의 생명줄과도 같았습니
다. 24시간 내내 쉼 없이 가동되던 이 공장에 도시 인구의 절반가량인
6,500여 명이 일하고 있었으니까요.

당시는 대기오염의 유해성이 지금처럼 알려지지 않았던 탓에 공장
에서 별다른 처리 시설 없이 뿜어내던 연기는 도노라의 평범한 일상
이었습니다. 그런데 공장이 들어선 지 약 2년이 지나자 마을에서 이

상한 일들이 벌어지기 시작합니다. 산성비로 인해 비가 내리면 집 외벽의 페인트가 벗겨지고, 밝은색의 옷과 커튼은 금방 색이 바래졌습니다. 마을 주변의 농작물들이 말라 죽고 가축이 폐사했으며, 사람들은 원인을 알 수 없는 두통, 메스꺼움, 호흡 곤란 등의 증세를 호소하기 시작했습니다.

상황이 갈수록 심각해지자 주민들은 서서히 아연 공장에서 나오는 오염물질을 의심했지만 그 누구도 공식적으로 불만을 제기하지 않았습니다. 만약 공장이 문을 닫는다면 마을 인구 절반이 실업자가 되고 지역 경제가 무너지게 될 게 불 보듯 뻔했기 때문이죠. 게다가 도노라는 아메리칸드림을 쫓아 동유럽 등지에서 건너온 이주 노동자들의 거주 비율이 굉장히 높았습니다. 이들은 생계를 위해 매일매일 죽음의 연기를 마시며 일터로 나갈 수밖에 없었습니다.

그러던 1948년 10월 26일, 지극히 평범한 화요일이었습니다. 평소와 달랐던 점은 바람이 잦아들고 대기의 흐름이 무척 안정되어 있었다는 것뿐이었습니다. 다음 날인 27일 수요일, 안개는 더더욱 짙어졌고 역하고 비릿한 냄새가 나기도 했습니다. 몇몇 사람들은 안개가 평소와는 다르다는 것을 알아챘죠. 이때 도노라 상공에서는 대기역전 현상이 일어나고 있었습니다. 뫼즈 계곡 때와 마찬가지로 오염물질이 지표면에 계속 축적되기 시작한 것입니다.

3, 4일 차가 되자 누런 공기로 시야가 혼탁해지고 피부가 끈적거릴 정도로 오염 농도가 높아졌습니다. 병원은 이미 호흡기 질환자로 북새통을 이뤘죠. 대기오염 물질이 초고농도에 달한 5일 차 토요일에는 숨을 쉬면 입 안에서 이물질이 씹히고 손을 뻗으면 손가락도 제대로 보이지 않을 정도가 되었습니다. 노인과 호흡기 질환자를 중심으로 사망

••• 엄청난 매연을 뿜어내는 도노라의 US스틸 공장

자가 속출하기 시작했습니다. 도노라는 며칠 사이 완전히 흑백의 도시로 변해버렸지만, 아연 공장은 여전히 가동하며 시커먼 매연을 뿜어냈습니다. 이 지경이 되도록 US스틸 경영진은 스모그 사태와 공장의 연관성을 부인했죠.

6일 차 일요일이 되자 밤사이 600여 명이 병원으로 실려 가는 바람에 병상이 모자랄 지경이 되었습니다. 사망자는 20여 명으로 늘어났고 6,000여 명의 주민이 두통과 호흡 곤란, 구토 증세를 호소했습니다. 공장 노동자들이 쓰러져 나가는 지경에 이르자 아연 공장은 드디어 가동 중단을 선언했고, 때마침 몇 시간 후 불어온 비바람이 오염물질들을 몰아냈습니다. 역전층이 해소되자 끈적거리고 악취가 나던 스모그가 하루아침에 거짓말처럼 사라져버렸죠. 나중에 밝혀진 사실이지만, 당시 아연 공장에서 뿜어져 나오던 연기 성분은 황산, 플루오린, 일산화탄소, 카드뮴 등 각종 유독 가스와 중금속 범벅이었다고 합니다.

하지만 어이없게도 공장은 다음 날 아침 다시 가동을 시작했습니다. 주민들은 마치 아무 일도 없었던 것처럼 다시 일상으로 돌아갔고, 아이들은 거리에 나와 뛰어놀았죠. 스모그가 사라진 지 한 달도 채 안 됐을 무렵 50여 명의 도노라 주민이 추가로 사망했습니다. 하지만 살아남은 주민들은 여전히 살인 스모그에 대해 입을 열지 않았습니다.

깨끗한 공기는 이곳에서 시작되었다

약 3개월 후 미국 연방 정부가 부랴부랴 진상 조사에 나섰는데, US스틸의 막강한 로비력 때문인지 조사는 시작부터 허술하게 진행되었습니다. 결국 '아연 공장은 배출가스를 감소해야 한다', '스모그 발생 시 주민 대피 경고를 해야 한다' 등의 지극히 원론적인 내용의 권고로만 끝나고 말았습니다. 심지어 조사 내용이 담긴 보고서는 외부에 공개되기도 전에 누군가 폐기해버렸죠.

연방 정부의 조사가 의문투성이로 끝나자 언론들이 나서서 이 문제를 집요하게 파고들었고, 마침내 전국적인 관심을 이끌어내는 데 성공했습니다. 스모그 피해 유가족 등 130여 명은 비영리단체와 자원 변호사들의 도움으로 마침내 공장 소유주인 US스틸을 법정에 세울 수 있었습니다. 그러나 US스틸은 자신들의 책임을 부인했고 스모그는 U자 모양 언덕으로 둘러싸인 도노라의 특이한 지형 때문에 생긴 일이라고 주장했습니다. 나쁜 놈들의 레퍼토리는 왜 이토록 항상 뻔한 걸까요?

심지어 US스틸은 도노라 주민들에게 아연 공장이 거의 유일한 생계 수단인 것을 이용해 은근한 여론전을 펼쳤고, 이 문제로 공장이 폐쇄되는 걸 원치 않았던 지역 주민들은 소송에 참여한 사람들을 탐탁지 않게 여겼습니다. US스틸의 끈질긴 회유와 협박, 여론전으로 50여 명의 주민은 고소를 취하했고, 마지막까지 법정 싸움을 이어갔던 80여 명의 주민은 1인당 3,000달러라는 초라한 배상금을 받고 사건이 마무리되고 맙니다.

훗날 펜실베이니아 환경보호국은 스모그 사태 당시 도노라의 이산화황 농도가 최대 5,500μg/m³에 달했을 것이라고 추정했습니다. 현재 우리나라의 초미세먼지 '나쁨' 단계 기준이 35μg/m³인 것을 고려할 때, 이산화황 단일 농도만으로 이 정도 수치였다니 어마어마한 오염 농도였음을 짐작할 수 있을 것입니다.

••• 도노라 스모그 뮤지엄

미국 역사상 가장 많은 인명 피해를 낸 대기오염 사건으로 기록된 도노라 사건은 이후 미국인들에게 대기오염에 대한 경각심을 불러일으켰습니다. 이 사건을 계기로 1955년 대기오염 규제법(Air Pollution Control Act), 1963년 대기청정법(Clean Air Act)이 제정되었습니다.

말 많고 탈 많던 도노라의 아연 공장도 새로운 대기오염 규제법에 따라 결국 문을 닫게 되었습니다. 하지만 공장이 문을 닫은 지 10년이 지난 뒤에도 심각한 대기오염에 한 번이라도 노출된 신체는 원래대로 회복하기가 어려웠습니다. 도노라 주민들은 다양한 후유증에 시달렸고, 사망률도 다른 지역에 비해 월등히 높았죠.

이후 런던 그레이트 스모그 사태 등 크고 작은 대기오염 참사 이후, 미국에서는 역사상 가장 강력한 대기오염 방지법인 '국가환경 정책법(National Environmental Policy Act)'이 1969년에 통과되어 그 영향력이 오늘날까지 미치고 있습니다. 이후 도노라는 작은 도시임에도 대기오염에 맞서는 환경운동의 상징적인 장소가 되었습니다. 도노라의 시내 중심가에는 스모그 사건을 기록한 허름한 박물관이 세워졌는데, 입구에는 이런 문구가 있습니다.

"깨끗한 공기는 이곳에서 시작되었다(Clean air started here)."

역사상 최악의 대기오염 참사, 런던 그레이트 스모그

결론부터 말하자면, 런던 그레이트 스모그 사태의 총 사망자 수는 무려 12,000명, 질환자는 20만 명에 달했습니다. 이 사망자 수는 미국의 걸프전, 아프간전, 이라크전과 9·11테러의 사망자를 모두 합친 것보다도 훨씬 더 많은 수치입니다. 이 엄청난 수의 피해자가 전쟁도 테러도 아닌 단 5일 동안의 대기오염으로 발생했죠.

사실 런던 그레이트 스모그 참사가 일어나기 전까지 영국에서 스모그는 그다지 대수롭지 않은 일이었습니다. 스모그로 인해 영국의 공기가 워낙 걸쭉하다 보니 흡사 완두콩 수프를 마시는 것 같다는 블랙 유머도 있을 정도였죠.

영국에서는 다른 지역보다 훨씬 이른 청동기 시대부터 석탄을 사용해왔습니다. 이는 영국의 지각이 대규모의 석탄층이 형성되던 지질시대 때 생성된 곳이 많아 매장량이 풍부하고, 오랜 풍화작용으로 인해 어떤 지역에서는 맨손으로 석탄을 주울 수 있을 만큼 구하기도 쉬웠기 때문입니다.

런던 스모그의 역사는 1,000년을 거슬러 올라갑니다. 특히 해양성 기후로 인해 가뜩이나 잦은 안개와 결합한 영국 특유의 스모그는 중세시대 때부터 악명이 높았습니다. 1306년에 이 같은 스모그를 더 이상 간과할 수 없었던 영국의 왕 에드워드 1세는 연기가 많이 나는 석탄 사용자를 사형에 처한다는 과격한 '석탄 연소 금지법'을 제정하기에 이릅니다.

하지만 법을 무시하고 석탄을 사용한 사람이 첫 본보기로 사형을

••• 석탄 연소 금지법을 제정한 에드워드 1세

당한 후에도 런던 주민들은 여전히 석탄을 사용했습니다. 석탄은 나무 땔감보다 노동력도 훨씬 적게 들 뿐만 아니라 같은 열량 대비 나무 땔감보다 훨씬 더 저렴했기 때문에 가난한 사람들은 이래 죽으나 저래 죽으나 하는 심정으로 석탄을 계속 사용할 수밖에 없었던 것이죠.

시간이 흘러 런던 인구가 늘어나면서 대기오염은 더욱 심해졌는데, 1661년 영국의 작가 존 이블린(John Evelyn)은 런던의 대기오염을 한탄하며 당시 국왕이던 찰스 2세에게 런던의 대기오염 문제 현황과 개선 방안을 제시하기도 했습니다.

하지만 이블린의 보고서를 포함해 이후의 개선 방안들도 런던 주민들의 먹고사니즘(?)과 의회의 반대에 부딪혀 번번이 무산되었습니다. 1866년과 1875년에 각각 위생법과 공중보건법을 제정하며 매연을 줄이려고 노력했지만, 이미 산업혁명기에 들어선 영국의 석탄 사용량은 통제 불능 상태가 되고 말았습니다. 어쩌면 런던 그레이트 스모그 사태는 언젠가 일어날 예견 가능한 참사였죠.

1952년 12월 5일, 이날도 런던의 완두콩 수프 같은 걸쭉한 공기는 여전했습니다. 하지만 비바람이 잦은 평소 겨울 날씨와 다르게 이날은 유난히 바람이 불지 않았습니다. 이제는 독자들도 눈치채셨을 겁니다. 당시 런던 상공에서 대규모의 대기역전 현상이 일어나고 있었습니다.

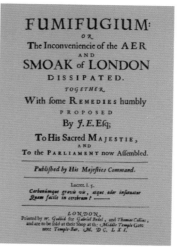

1950년대에는 품질 좋은 석탄은 전부 산업용이나 수출용으로 쓰였고, 가정용으로 쓰인 것은 엄청난 매연을 발생시키는 조악한 품질의 제품이었습니다. 1952년 런던의 겨울은 평년보다 유난히 추워 난방 연료였던 석탄의 사용량이 몇 배 더 늘어났는데, 이에 런던의 가정집에서는 엄청난 양의 매연을 쏟아내기 시작했습니다.

••• 존 이블린의 대기오염 개선 보고서

하지만 이것들은 런던 주변의 석탄발전소들에 비하면 새 발의 피 수준이었습니다. 훗날 영국 기상청의 조사에 따르면 당시 런던 광역권 내 위치한 석탄발전소들이 매일 쏟아내는 오염물질의 양은 연기 입자 1,000톤, 이산화탄소 2,000톤, 염산 140톤, 플루오린 화합물 14톤, 이산화황 370톤에 달했습니다.

런던 상공에 생긴 역전층으로 축적된 스모그는 갈수록 누렇고 걸쭉하게 변했고, 사흘이 지나자 가시거리가 1미터 남짓밖에 안 되었습니다. 이 같은 시야 때문에 비행기는 이착륙을 포기했고 차량, 철도, 지하철, 선박의 통행도 불가능해졌습니다. 극장과 공연장에도 연기가 스며들었는데 객석에서 무대가 보이질 않아 공연들이 줄줄이 취소되었습니다.

상황이 이 지경이 되었으니 당연히 사람들도 쓰러져 나갔는데, 신고를 받고 출동한 구급차가 스모그 때문에 환자가 있는 곳을 찾을 수 없을 정도였습니다. 화재를 진압하러 출동한 소방차는 도대체 불이 난 곳이 어디인지도 찾을 수가 없었죠. 도시 전체가 마비되었고 런던은 종말의 날처럼 어둠에 휩싸인 도시가 되었습니다.

스모그 발생 나흘째인 12월 9일 일요일, 대기역전 현상이 해소되며 거짓말처럼 스모그가 사라졌습니다. 도시 전체가 마비되었음에도 불구하고 워낙 스모그에 익숙해 있던 런던 시민들은 마치 아무 일도 없었다는 듯 일상으로 복귀했습니다. 그저 이번 스모그는 다른 때보다 좀 더 진하고 오래갔다고 대수롭지 않게 생각했을 뿐이었죠. 뉴스와

••• 엄청난 연기를 뿜어내는 런던의 석탄발전소와 공장들

••• 런던 그레이트 스모그 당시의 도시 모습

신문도 스모그 때문에 축구 경기가 취소된 이야기, 교통수단이 마비돼 직장인들이 출퇴근 불편을 겪은 이야기, 스모그를 틈탄 범죄 이야기 등만 보도할 뿐이었죠. 일주일이 지난 뒤에야 스모그로 병원에 입원한 환자들이 늘어났다는 보도가 나기 시작했습니다.

스모그 발생 3주 뒤 영국 정부의 통계가 발표되었는데 확인된 사망자만 4,000여 명이 넘는 것으로 집계되었습니다. 그동안 태연했던 런던 시민들은 그제야 상황의 심각성을 깨닫기 시작했습니다. 초기에 사망한 이들은 대부분 노약자와 호흡기 질환자였는데, 대기오염 피해의 특성상 시간이 지날수록 관련 사망자와 질환자 수가 점점 늘어나기 시작했습니다.

가장 최근의 연구 결과에 따르면 당시 런던의 스모그로 인한 사망자가 12,000여 명을 웃돌고, 질환자는 20만 명이 넘는 것으로 추정하고 있습니다. 또 당시 런던의 초미세먼지 농도는 오늘날 세계보건기구 기준의 178배, 이산화황은 192배 정도였을 것이라고 합니다.

스모그 사태의 심각성을 깨달은 영국 의회는 1956년에 '대기청정법(Clean Air Act)'을 통과시켰는데, 훗날 미국과 유럽 국가들의 관련법 제정에 지대한 영향을 끼쳤습니다.

충분히 막을 수 있었던 참사였나?

대기오염의 심각성에 경종을 울린 세 가지 대표적인 사건을 살펴보았습니다. 안타까운 점은 이 참사들이 모두 막을 수 있었던 인재(人災)라는 점입니다. 물론 짙은 안개와 대기역전 현상이 일어났기 때문이기도 했지만, 이런 자연현상에만 참사의 책임을 모두 돌릴 수는 없습니다. 당장의 편리와 이익만을 좇은 사람들의 욕심이 가장 큰 원인이지는 않았을까요?

대기오염은 이제 일상으로 자리 잡아 여전히 우리의 건강을 위협하고 있습니다. 하지만 다행히 오늘날에는 다양한 규제와 기술의 발달로 단시간 다수의 사망자가 발생하는 초고농도 대기오염 참사는 발생하지 않고 있으며, 이를 개선할 방안도 등장했습니다. 이 방안들 중에는 우리가 실천할 수 있는 것도 있고, 더 과감하게 목소리를 내야 할 해결책도 있습니다. 나와 사랑하는 사람들의 건강을 위해 나부터 당장 실천할 수 있는 방법들에 더 관심을 가져보는 건 어떨까요?

라임양의 영상으로 만나는
전쟁보다 많은 사상자를 낸 세계 3대 대기오염 참사 ▶

12

독립군은 어쩌다 체코슬로바키아 무기를 쓰게 됐을까?

교과서에서 알려주지 않는
독립군과 체코슬로바키아 군단 이야기

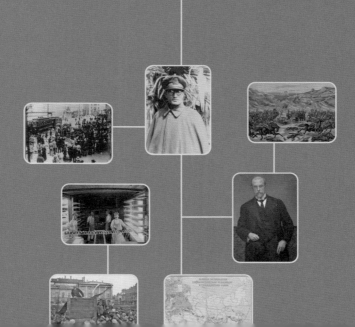

일제강점기 무장투쟁 독립운동사에서
최초의 승리로 기억되는 '봉오동 전투',
그리고 대첩이라 불릴 만큼 엄청난 성과를 거둔
'청산리 전투'가 발발한 지도
벌써 100년이 지났습니다.
이번에는 이들 전투의 숨은 공로자
체코슬로바키아 군단에 대한 이야기입니다.

이역만리를 돌아 우리에게 온 체코슬로바키아 군단의 무기

••• 청산리 대첩의 주역 이범석 대장

나라를 잃은 지 10년이 지난 1920년. 그해 만주 지역에서는 우리의 독립군 부대가 일본군을 상대로 한 무장 투쟁에서 빛나는 승리를 거두었습니다. 뛰어난 지략으로 일본군을 유인해 승리를 거둔 봉오동 전투에 이어, 20분의 1 수준 병력으로 일본군을 섬멸한 청산리 전투는 독립투쟁 사상 최대 규모의 성과로 꼽힙니다.

이 두 전투의 승리 요인으로는 지형지물을 이용한 사령관들의 뛰어난 전략과 죽음을 두려워하지 않고 맞서 싸운 독립군들의 투지, 일본군의 무기에 맞서 대항할 수 있었던 신식 무기 등을 꼽습니다.

그런데 이 두 전투가 발발하기 몇 해 전만 해도 독립군 양성소인 신흥
무관학교의 학생들은 목총을 가지고 훈련할 정도로 실전 전투에 임하
는 환경이 열악했습니다. 이전까지 일본군의 신식 무기에 대항해 화승
총 등으로 무장했던 의병들이 번번이 대파당한 것에서 알 수 있듯 무기
의 중요성도 절대 간과할 수 없는 사실입니다. 이렇게 보면 체코슬로바
키아 군단으로부터 독립군이 구입한 우수한 성능의 최신식 무기가 두
전투의 승리에 결정적인 역할을 했을 것이라 추정할 수 있을 것입니다.

'체코슬로바키아 군단'이라는 명칭은 우리 국사 교과서에도 간략하
게나마 언급되어 있는데, 당시 독립군이 사용한 무기가 체코슬로바키
아 군단으로부터 구입된 것이라는 정도입니다. 이 같은 무기에 대한
역사적인 기록으로는 청산리 대첩의 주역인 이범석 대장의 회고록『우
등불』에서 잠시나마 살펴볼 수 있습니다.

> "체코슬로바키아 군대는 한국에서 독립운동이 일어났다는 말을
> 전해 들었다. 이들은 체코슬로바키아가 오스트리아 제국 식민
> 통치 아래 겪어온 노예 상태를 떠올렸고, 우리에 대해 연민을 표
> 시했다. 결국 체코슬로바키아 망명 군대는 그들이 보관하고 있
> 던 무기를 북로군정서에 판매하기로 했다."

그런데 이전까지 우리 근대사에 한 번도 등장한 적 없었던 체코슬로
바키아의 무기가 어쩌다 이역만리 떨어진 우리 독립군에게까지 흘러
들어오게 된 걸까요? 또 중부 유럽에 위치한 체코슬로바키아의 군인
들이 우리에게 무기를 판매하던 시점에 대륙의 반대쪽 끝인 블라디보
스토크까지 어떤 이유로 와 있었던 걸까요?

제1차 세계대전의 시작점을 찾아서

체코슬로바키아 군단의 대이동을 설명하기 위해서는 당시 복잡하게 얽혀 있던 유럽의 정세와 제1차 세계대전의 상황부터 짚고 넘어가야 합니다.

유럽은 19세기부터 본격화된 산업혁명과 과학기술의 발전으로 전례 없는 급성장을 이루어냈습니다. 그 결과 넘쳐나는 생산품을 판매하고 원자재를 수입할 식민지 쟁탈전에 열을 올리게 되었습니다.

그렇게 맞이한 20세기는 바야흐로 제국주의의 시대였죠. 일찌감치 산업화와 정치적 안정을 이뤄낸 영국은 강력한 해군력과 지리적 이점을 바탕으로 세계 곳곳에 식민지를 건설했고, 프랑스가 뒤이어 합류

••• 20세기 초 유럽의 세력 지도

••• 1914년에 발발한 사리카미시 전투를 묘사한 그림. 이 전투에서 오스만 제국은 러시아에게 대패해 전체 병력의 5분의 3가량을 잃었다.

했습니다.

반면 이웃한 독일 제국은 오랫동안 분열되어 있었던 터라 통일 전쟁을 치르는 동안 산업화가 늦어졌고, 내륙에 위치해 식민지 쟁탈전에서도 뒤처지게 되었죠. 하지만 빌헬름 1세와 '철혈 재상'으로 불리던 비스마르크의 지도 아래 신흥 강국으로 급부상하게 되었습니다. 이 같은 독일 제국의 성장은 주변국을 긴장시켰고, 반면 독일 제국의 입장에서는 해외 식민지를 선점한 영국과 프랑스가 눈엣가시 같은 존재였죠.

한편으로 식민지 개척과는 거리가 멀었던 내륙의 중부 유럽에서도 또 다른 파워 게임이 진행되고 있었습니다. 당시 유럽에서는 19세기부터 확산된 민족주의가 공고히 뿌리내려 있었습니다. 이 가운데 오랜 시간 오스만 투르크 제국의 지배를 받던 발칸반도의 남·서 슬라브족은 모든 슬라브인이 힘을 합치자는 범슬라브주의를 내걸고 단결하기 시작했습니다. 러시아가 슬라브족의 큰형님 노릇을 자처하고 나섰죠.

세계대전의 도화선이 된 사라예보의 총소리

신흥국 독일 제국도 범게르만주의를 내걸고 오랜 시간 분열되어 있던 독일 지역의 결속을 다졌는데, 같은 독일어권이자 게르만족 국가인 오스트리아가 거들고 나섰습니다. 각국은 민족주의의 기치를 내걸고 적극적인 대륙 팽창정책을 펼쳤습니다.

특히 발칸반도의 슬라브족 국가인 세르비아를 앞세워 지중해 진출을 노리던 러시아와 이를 견제하려는 오스트리아—헝가리의 갈등이 고조되었고, 주변국의 이해관계도 복잡하게 얽혀 전운이 감돌고 있었죠. 비스마르크의 표현대로 이 시기의 유럽 국가들은 "화약 더미 위에 둘러앉아 담배를 피우고 있는 것"이나 다름없었습니다.

1914년 6월 28일, 사라예보에서 떨어진 불씨가 결국 대폭발을 일으키게 됩니다. 슬라브 민족주의자였던 세르비아의 청년 가브리엘로 프린치프가 사라예보에서 오스트리아 황태자 부부를 암살한 것이 제1차 세계대전의 도화선이 된 것이죠.

오스트리아—헝가리 제국은 이를 빌미로 세르비아를 침공했고, 같은 슬라브족 동생이 얻어맞는 걸 두고만 볼 수 없던 큰형님 러시아는 세르비아를 돕기 위해 총동원령을 선포했습니다. 이 기회에 마음에 안 들던 오스트리아를 혼내줄 참이었죠. 그런데 오스트리아—헝가리의

••• 1914년 6월 28일, 오스트리아–헝가리 제국의 왕위 계승자인 프란츠 페르디난트 대공 부부가 사라예보에서 암살된 이 사건이 계기가 되어 제1차 세계대전이 발발하게 되었다.

동맹국 독일 제국도 총동원령을 빌미로 러시아에게 선전포고를 합니다. 독일도 이 기회에 맘에 안 들던 러시아를 혼내줄 참이었던 것이죠.

러시아와 이해관계를 공유했던 영국과 프랑스도 독일에게 전쟁을 선포했고, 이윽고 수많은 유럽 국가가 각자의 이해관계에 따라 줄줄이 전쟁에 뛰어들었습니다. 당시 이들의 식민지가 전 세계에 퍼져 있었기 때문에 전장(戰場)은 결국 삽시간에 전 세계로 확대되었습니다.

이렇게 제1차 세계대전이 시작됩니다.

독립을 위해 대전에 뛰어든 체코슬로바키아

드디어 여기서 이 이야기의 주인공인 '체코슬로바키아 군단'이 등장하게 됩니다.

당시 체코슬로바키아는 오스트리아-헝가리 제국에게 식민 지배를 받고 있었습니다. 이들은 서(西) 슬라브계 민족으로 게르만계와 헝가리계가 주류인 오스트리아-헝가리 제국 내에서 항상 탄압받는 존재였고, 심지어 개신교에서 가톨릭으로 강제 개종당하기도 했습니다.

전쟁이 발발하자 오스트리아는 체코슬로바키아인을 징집해 세르비아, 러시아와의 전선에 세우게 됩니다. 하지만 이들 역시 당시 유행하던 범슬라브주의의 영향으로 오스트리아보다는 세르비아, 러시아에 더 많은 동질감을 가지고 있었죠. 상황이 이러했으니 이들은 기회만 되면 탈영하기 일쑤였고 연합군 진영에 집단으로 귀순하기도 했습니다.

이에 체코슬로바키아 독립운동 지도자 토마스 가리크 마사리크를 비롯한 망명 정치인들은 산발적으로 흩어져 있던 체코슬로바키아 병

••• 우리나라의 백범 김구와 비견되는 토마스 가리크 마사리크의 초상화. 독립 후 체코슬로바키아의 초대 대통령을 지냈다.

사들을 규합하기 시작했고, 이들은 마침내 가장 규모가 컸던 러시아 내에서 독자적 군단으로 편성됩니다.

또한 전쟁 이전부터 박해를 피해 우크라이나와 러시아 일대에 정착했던 체코슬로바키아인들도 군단에 대거 합세하게 됩니다. 이렇게 2만 명으로 시작한 병력은 무려 6만여 명으로 늘어나게 됩니다. 이들은 러시아 차르 니콜라이 2세와 연합국으로부터 체코슬로바키아의 독립을 약속받고선 오스트리아 제국과 열심히 싸워 많은 전공을 올렸습니다. 그렇게 순항하던 체코슬로바키아 군단은 또 다른 역사적 대사건에 휘말리게 됩니다.

세계 최초 공산국가의 탄생

제1차 세계대전이 3년 차로 치닫던 1917년, 러시아에서는 2월 혁명이 일어나 러시아 제국이 무너지고 체코슬로바키아 군단을 후원하던 니콜라이 2세가 폐위되고 맙니다. 혁명세력은 온건파 사회주의자 알렉산드르 케렌스키를 주축으로 한 '러시아 공화국'을 선포하죠.

그러나 공화정으로 재탄생한 러시아에서도 여전히 살림살이는 팍팍했습니다. 공화국 임시정부는 차르의 이전 조약을 계승해 기약 없는 전쟁은 계속되고 있었고, 노동자에 대한 착취도, 소수 민족에 대한 탄압도 별반 달라진 게 없었죠.

이러한 민중의 불만을 간파한 급진 정치세력 볼셰비키의 지도자 블라디미르 레닌은 '무산 계급에 의한 정권 탈취'와 '적극적이고 폭력적인 혁명'을 주장했습니다. 한마디로 "다 같이 죽창 들고 뒤집어엎자!" 이었던 것이죠. 그리고 페트로그라드(현재 러시아 북서부의 상트페테르부르크)에서 열린 볼셰비키 집회에서 4월 테제(These, 정치적·사회적 운동의 기본 방침이 되는 강령)라는 이름으로 더 알려진 〈당면 혁명에서의 프롤레타리아트(Prolétariat)의 임무〉라는 제목의 연설을 하게 됩니다.

이 4월 테제의 첫 번째 강령은 '계속되는 제국주의 전쟁에 단호히 반대하고 즉각 평화를 실현한다'였습니다. 억압받는 세계 모든 노동자의 죽창 연대를 주장했던 레닌으로서는 전쟁을 벌이고 있는 제국주의 국가들이 진영을 불문하고 그 나물에 그 밥으로 보였던 것이죠. 레닌의 이러한 방침으로 볼셰비키와 케렌스키 임시정부의 갈등은 점점 깊어지게 됩니다.

한편 3년 차에 접어든 전쟁과 불안정한 정권 교체로 러시아 경제는 악화 일로를 걷고 있었습니다. 극심한 식량난은 물론이고 연료와 원재료도 부족해 생필품을 만드는 공장도 모두 멈춰 섰습니다. 임시정부가 혁명세력이라 굳게 믿었던 러시아 민중들의 배신감은 상당했죠.

얼마 지나지 않아 러시아 전역에서 농민 봉기가 일어나 지주를 추방하고, 노동자가 공장을 장악하는 일들이 벌어집니다. 전쟁에 나선 병

••• 러시아 2월 혁명 당시 군인들의 시위 현장

••• 1919년 모스크바에서 장병들에게 연설하고 있는 블라디미르 레닌. 2월 혁명 이후 러시아는 지주, 귀족을 기반으로 하는 임시정부와 노동자, 농민을 기반으로 하는 소비에트로 갈라져 대립했다.

사들은 임시정부가 임명한 지휘관을 추방하고 자신들이 직접 지휘관을 선출하는 등의 통제 불가 상태가 이어지죠.

같은 해 10월 26일, 이 기회를 놓칠 리 없는 블라디미르 레닌과 볼셰비키 적위대는 민심을 등에 업고 거병해 중앙전신국, 우체국, 전화국 등 주요 기간 시설을 장악했습니다. 그리고 이틀 뒤, 임시정부 청사인 겨울궁전까지 장악하며 혁명의 성공을 선포합니다(10월 혁명). 세계 최초의 노동자 국가, 볼셰비키의 '소비에트 러시아'가 탄생하는 순간이었죠.

적백내전에 휘말리는 체코슬로바키아 군단

••• 적백내전 판도를 그린 지도

하지만 혼란은 계속됩니다. 볼셰비키는 혁명에 성공했지만 광활한 러시아 영토 전체에 영향력을 미치기에는 한참 모자랐습니다.

볼셰비키 군대인 '적군'이 장악한 몇몇 주요 도시를 제외한 러시아 대부분의 영토는 지주들과 귀족들이 중심이 된 반(反)볼셰비키 세력, 일명 '백군'이 장악하게 됩니다. 게다가 볼셰비키는 몰수한 지주들의 토지를 무상분배하고 있었기 때문에 병사들은 자기 몫을 받기 위해 고향으로 돌아갔습니다. 군사력은 날로 약화되고 있었지만 반(反)전쟁, 반(反)제국주의 노선으로 지지를 얻은 볼셰비키는 이들의 귀향을 막을 명분도 없었죠.

엎친 데 덮친 격으로 우크라이나, 폴란드, 카자크, 타타르, 캅카스 등 평소 불만을 품고 있던 소수민족들도 이참에 너도나도 독립을 외치기 시작했고, 독일은 이들의 독립을 물밑 지원하며 러시아를 견제하려고 했습니다.

이후 소비에트는 당시 산업의 집약지이자 곡창지대인 우크라이나를 두고 독일과 결전을 벌이게 됩니다. 하지만 행정체계도 미비한 오합지졸 군대가 군사 강국 독일의 상대가 될 리가 없었죠.

참패한 소비에트는 굴욕적인 '브레스트-리토프스크' 강화조약을 맺고 독일에 사실상 항복하고 말았습니다. 이 조약으로 소비에트 러시아는 무려 유럽 영토의 절반, 석탄산업의 90퍼센트, 철강산업의 70퍼센트를 독일과 오스트리아-헝가리에게 할양합니다. 이때 상실한 영토 규모가 약 220만 km²인데, 한반도의 면적이 22만 km²이니 무려 한반도의 열 배에 달하는 어마어마한 규모인 셈입니다.

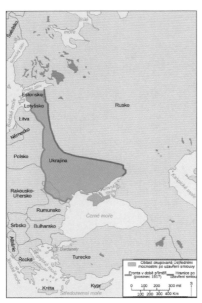

••• 초록색으로 표시한 부분이 브레스트-리토프스크 조약으로 러시아가 상실한 영토이다.

전쟁에서 발을 빼버린 러시아 때문에 체코슬로바키아 군단은 낙동강 오리알 신세가 되어버립니다. 체코슬로바키아 군단을 조직하게 된 것도 조국의 독립이 목표였지 공산혁명이나 내전 따위에는 별 관심이 없었죠. 따라서 이들은 러시아를 떠나 프랑스 등 서부전선으로 이동해 오스트리아를 상대로 한 독립 전쟁을 계속 수행하기로 결정합니다. 문제는 도대체 어떻게 가느냐 하는 것이었죠.

체코슬로바키아 군단은 서부전선으로 갈 방법이 없었습니다. 브레스트-리토프스크 조약 때문에 육로는 물론 발트해와 흑해 등 서방으로 가는 바닷길이 모두 적국인 독일과 오스트리아의 지배권에 놓여 있었고, 무르만스크 같은 북극해 항구를 통해 가는 길은 적군과 백군의 내전 지대였습니다.

이에 토마스 마사리크는 시베리아 횡단철도로 블라디보스토크까지 이동해 연합국 배를 얻어타고 서부전선까지 이동하자는 대안을 제시합니다. 지구 한 바퀴를 도는 이 황당한 계획은 아이러니하게도 가장 실현 가능한 방안이었죠. 또한 신생 독립국 체코슬로바키아의 근간이될 군단의 전선 투입을 최대한 늦춰 인명 손실을 최소화하려는 속셈이기도 했습니다.

이 계획은 들은 레닌의 적극적인 주선으로 체코슬로바키아 군단은 블라디보스토크로 이동하게 됩니다. 잘 훈련된 대규모의 체코슬로바키아 병력이 자국에 상주하는 것이 불편했던 레닌과 하루빨리 집으로 돌아가고 싶었던 체코슬로바키아 군단의 이해관계가 맞아떨어진 것이었죠.

그러나 체코슬로바키아 군단은 또다시 원치 않는 사건에 휘말리게 되는데……

사소한 시비가 뒤바꾼 역사의 운명

브레스트−리토프스크 조약으로부터 3개월가량 지난 1918년 5월, 6만 여 명의 체코슬로바키아 군단은 모스크바 동쪽으로 1,700km 떨어진 첼랴빈스크에 집결해 있었습니다. 이곳은 볼셰비키의 주요 거점 중 하나이자 시베리아 철도의 시작점이기도 한 곳으로 이곳에서 블라디보스토크행 열차를 타야 했죠.

그런데 웬걸, 원수는 외나무다리에서 만났다고 했던가요? 강화조약에 따라 본국으로 송환 중이던 독일, 오스트리아−헝가리 포로들과 체코슬로바키아 군단이 맞닥뜨리게 된 겁니다. 승전국 포로로 기세등등 귀환 중이던 이들은 체코슬로바키아 군단을 보자마자 돌을 던지며 시비를 걸기 시작합니다. 양측의 싸움은 점점 거칠어졌고, 헝가리 포로들이 던진 돌에 체코슬로바키아 병사가 맞아 죽는 지경에 이르자 분노한 체코슬로바키아 병사들이 돌을 던진 헝가리 포로들을 끌어내 결국 총으로 쏴 죽이고 말았습니다.

사태가 심상치 않게 돌아가는 것을 감지하고 나타난 첼랴빈스크의 볼셰비키 당국은 발포한 체코슬로바키아 병사를 체포하고 군단의 무장 해제를 요구했습니다. 사실 체코슬로바키아 군단이 백군의 근거지인 시베리아를 통과하면서 이들과 합류하지 않을까 내심 우려하던 차에 좋은 핑곗거리를 찾은 것이죠.

볼셰비키의 요구에 체코슬로바키아 군단은 기가 막힐 노릇이었습니다. 얼마 전까지 같이 피 흘려 싸운 자기들을 체포하는 것도 모자라 무기까지 내놓고 가라니 말이죠. 이에 분노한 체코슬로바키아 군단은 체포된 동료들을 무력으로 석방시켰고 내친김에 첼랴빈스크를 점령

해버렸습니다.

적군이 시베리아 철도의 시작점인 첼랴빈스크를 빼앗겼다는 건 시베리아 전역에 대한 통제력 상실을 의미했습니다. 100년이 지난 지금도 그렇지만 광대하고 황량한 시베리아를 철도 없이 오간다는 건 사실상 불가능한 일이었기 때문이죠.

적의 적은 나의 친구라고 했던가요? 첼랴빈스크를 점령한 체코슬로바키아 군단은 얼떨결에 백군의 동맹

••• 혁명 당시 흑해 함대 사령관이었던 알렉산드르 콜차크 제독

이 되어버렸습니다. 적군의 우려가 현실이 된 것이죠. 그렇지만 체코슬로바키아 군단에게 러시아 내전은 이웃집 부부싸움만큼이나 끼어들고 싶지 않은 일이었습니다. 그저 빠르고 안전하게 집에 가고 싶을 뿐이었죠.

백군은 이런 어수선한 틈을 타서 시베리아 옴스크에 공식적인 반(反)볼셰비키 정부를 수립하고 전쟁영웅 알렉산드르 콜차크 제독을 총사령관으로 추대합니다.

험난하고 고된 집으로 가는 길

노동자 혁명이 확산될 것을 우려한 영국, 프랑스, 미국, 일본 등의 연합국은 동맹군 체코슬로바키아 군단의 무사 귀국을 명분 삼아 블라

디보스토크에 병력을 파견하기 시작합니다. 특히 한반도를 점령하고 호시탐탐 시베리아 진출을 노리던 일본은 7만 명이라는 대군을 파병하죠.

이에 체코슬로바키아 군단은 세 갈래로 나눠서 볼셰비키 잔당을 소탕하며 동쪽으로 이동을 계속했고, 1918년 4월에 마침내 선발대 일부가 처음으로 블라디보스토크에서 유럽 전선으로 넘어갔습니다. 나머지 병력도 백군과 함께 철도를 따라 주둔하며 차례를 기다리고 있었죠.

이때 체코슬로바키아 군단의 행렬은 영화 〈설국열차〉처럼 이동하는 도시 그 자체였습니다. 철갑과 포대, 기관총으로 중무장한 열차에는 병원, 제빵소, 은행 등이 있었고 심지어 신문사까지 있어 열차 내에서 신문도 발행할 정도였으니까요.

그 사이 콜차크 제독이 이끄는 백군은 체코슬로바키아 군단과 연합국의 지원을 등에 업고 승승장구하며 모스크바 인근까지 진격했습니다. 그러나 얼마 못 가 콜차크 제독의 한계가 드러나게 됩니다. 그는 훌륭한 군인이었지만 뛰어난 정치가는 아니었던 것이죠. 특히 사람들이 이를 갈던 차르 시대의 법률을 부활시키고, 몰수한 토지를 귀족들에게 되돌려주는 등의 정책으로 민심이 등을 돌리기 시작했습니다. 백군의 기반이 지주와 귀족들이었기 때문이었죠.

또한 콜차크 제독의 지나친 민족주의적 성향으로 그간 함께 협력해왔던 소수민족들을 오히려 적대시했습니다. 체코슬로바키아 군단과도 사사건건 불화가 생기기 시작했죠. 이런 편협하고 독선적인 행보에 그를 따르던 백군은 분열되기 시작했습니다.

한편 러시아에서 내전이 계속되는 사이에 유럽 전선에서는 꿈에 그

••• 중무장한 체코슬로바
키아 군단을 태운 열차. 이
열차는 신문사, 제빵소 등
의 편의시설을 갖춘 흡사
작은 도시와도 같았다.

리던 소식이 들려왔습니다. 바로 오스트리아–헝가리 제국이 패망하
여 해체되었다는 것이죠. 이에 1918년 10월, 토마스 마사리크와 체코
슬로바키아 망명 정부는 미국 워싱턴에서 체코슬로바키아의 독립을
선포했고, 이를 연합국이 적극 지지하면서 마침내 독립국가 체코슬로
바키아가 공식적으로 탄생하게 됩니다. 이때까지도 시베리아에 남아
있던 체코슬로바키아 병사들은 이제 전쟁이고 나발이고 당장 집으로
돌아가고 싶었습니다.

　게다가 백군은 이 와중에도 내부 쿠데타가 일어나는 등 노선 갈등

과 분열을 거듭했고, 전쟁의 승기는 점점 적군에게 기울기 시작했습니다. 볼셰비키는 특유의 발 빠른 민중 친화적 대처로 계속해서 대중의 지지를 이끌어냈고, 대대적인 반격을 가해 백군을 옴스크에서 더 먼 동쪽인 이르쿠츠크까지 쫓아내게 됩니다.

이미 집에 가고 싶어 안달이 난 체코슬로바키아 군단에게 볼셰비키가 솔깃한 거래를 제안합니다. 백군의 사령관 콜차크 제독을 잡아서 넘기면 체코슬로바키아 군단의 전원 무사귀환을 보장한다는 내용이었죠. 이미 조국이 독립한 지 1년이 넘은 시점에도 발목이 잡혀 있던 체코슬로바키아 군단은 결국 거래를 받아들이게 됩니다.

결국 1920년 1월, 체코슬로바키아 군단은 이르쿠츠크의 영국군 부대로 이동하기 위해 체코슬로바키아 열차에 탄 콜차크를 붙잡아 볼셰비키에게 넘겨주고 맙니다. 콜차크는 총살당해 강물에 버려졌고, 구심점을 잃은 백군은 빠르게 와해되기 시작했습니다. 장장 5년을 이어가며 270만여 명의 사상자를 낸 러시아 적백내전의 끝이 보이는 순간이었습니다.

3월에는 약속대로 시베리아의 모든 체코슬로바키아 병력이 남김없이 블라디보스토크에 집결했고, 9월에 마지막 남은 체코슬로바키아 부대가 러시아를 빠져나가며 체코슬로바키아 군단의 대장정은 막을 내리게 됩니다. 초기 6만여 명이던 병력의 손실이 거의 없는 훌륭한 성과였습니다. 체코슬로바키아 군단은 성대한 환영을 받으며 고국으로 돌아왔고, 독립 체코슬로바키아 군대의 근간을 이루게 됩니다.

체코슬로바키아 군단과 대한 독립군의 인연

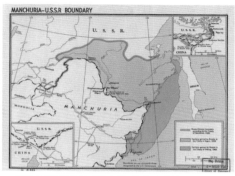

••• 체코슬로바키아 병사들과 약 19만 명의 한인이 머물렀던 블라디보스토크와 연해주 지역의 지도

당시 귀국하려는 체코슬로바키아 병사들로 북적이던 블라디보스토크와 연해주 지역에는 약 19만 명의 한인이 거주하고 있었습니다. 독립운동 세력을 포함해 철도, 부두 노동자 등 각계각층의 사람들이었죠. 이 무렵 양측의 본격적인 교류가 시작됩니다.

신한청년단의 여운형 등은 1919년 1월 파리 평화회의에 한국 대표단을 파견하기 위해 블라디보스토크에 체류하며 각국 인사들과 접촉했는데, 이때 체코슬로바키아 군단과도 접촉한 기록이 남아 있습니다. 양국은 서로의 처지에 많은 공감을 했었던 것으로 보입니다.

체코슬로바키아 군단이 발행했던 신문인 《체코슬로바크 덴니크(*Czechoslovak Dennik*)》는 같은 해 3월 일어난 한반도의 3·1 운동을 세 번에 걸쳐 크게 보도하기도 했습니다. 또 여운형과 인연을 맺은 체코슬로바키아 군단의 라돌라 가이다(Radola Gajda) 장군은 이듬해 상해 임시정부를 답방하기도 했는데, 임시정부 요인들과의 담화가 《독립신문》에 보도되기도 했습니다.

"나의 조국도 수백 년 노예의 치욕을 당하다가 지금 부활하였소.

작년 3월에 귀국이 독립을 선언하고 역사에 유례를 볼 수 없는 용기와 애국심을 발휘한 것을 볼 때 세계가 다 놀라고 칭찬하였지만, 그중에 가장 깊은 감동을 받은 것은 아마 우리 체코슬로바키아 국민이었을 것이요. 그때부터 나는 귀국의 독립운동 진행을 동정과 기도로써 주목하였는데, 오늘 여기서 한국인을 만나 어찌 반가운지 모르겠소. (…) 바라건대 나를 귀국의 동지로 알아주시오. 다시 만날 때는 피차에 영광 있는 독립국민으로 만납시다."

역사가들은 이 같은 내용을 토대로 비교적 늦게 귀국했던 가이다 장군의 부대로부터 대부분의 무기를 독립군이 구매한 것으로 추정하고 있습니다.

1919년부터 무장투쟁론을 주장하던 간도의 독립군들을 중심으로 체코슬로바키아 군단의 무기를 구입하기 시작했습니다. 그러나 양측의 거래 내용은 이범석 대장의 『우등불』이나 여러 독립군의 증언을 통

해 구체적인 사실이 확인되지만, 체코슬로바키아 측 공식 기록에는 남아 있지 않습니다. 체코슬로바키아 군단은 귀국을 위해 연합국인 일본의 협조가 필요한 상황이었고, 이에 대항하는 독립군과의 무기 거래 기록을 군이 남길 필요는 없었을 것으로 추정하고 있을 뿐이죠.

한편 1920년, 당시 조선총독부 경무국은 우리 독립군과 체코슬로바키아 군단의 무기 거래를 아주 구체적이고 상세하

••• 체코슬로바키아 군단의 라돌라 가이다 장군

게 파악하고 있었습니다.

"조선인 박창호가 체코슬로바키아 군인에게 구입한 총 60정, 탄환 6천 발은 29일 조일이 휴대하고 러시아군 소속 조선인 다섯 명의 호위를 받아 씨크오토 방면으로 운반된 행적이 있다."

"김영준은 7월 중순 체코슬로바키아 장교로부터 군총 300정, 탄약 수 1만 발, 폭탄 1,600개를 구입하고, 노령 땅 어느 섬으로부터 범선에 적재하여 수분하구로부터 이도구로 운반해서 한상렬의 손에 넘겨주었다."

"불령선인 '신'이라는 자는 은닉 중인 체코슬로바키아 군단의 총기 5만 정, 기관총, 수류탄 5천 개를 소량씩 매입하여 아무르 만으로부터 배로 은밀히 적출해서 중국 마차에 실어 역에 운반해 조선 영내에 밀송하고 있다."

역설적이게도 이 문서들은 이제 한국의 독립운동사를 파악하는 귀중한 자료가 되고 있습니다. 안타깝게도 여기에 적혀 있는 조선인 '박창호, 김영준, 신'이라는 인물이 어떠한 분들이었는지는 알 수가 없죠. 체코슬로바키아 군단과 독립군 간의 무기 거래 형태는 이처럼 산발적이고 여러 단계를 거친 복잡한 과정이었을 것으로 추정됩니다.

체코슬로바키아 군단은 독립군 외에도 중국인과 러시아인을 포함해 블라디보스토크에서 활동하던 다양한 민족과 계층의 사람들에게 무기를 판매했습니다. 귀국 과정에서 쓸모없게 된 무기를 처분하는 과정이었지 한국의 독립을 지원하기 위해 무기를 팔았다고 보기는 어렵습니다. 다만 이렇게 구매한 체코슬로바키아 무기가 청산리 전투 승리의 막대한 역할을 했다는 것만큼은 부정할 수 없는 사실이죠.

또한 당시 체코슬로바키아 군단으로부터 구입한 모신나강 소총 한 정과 탄환의 가격은 조선인 노동자의 일 년 치 노임과 맞먹을 정도로 무척 비쌌습니다. 체코슬로바키아 군단이 귀국한 후 우리의 것으로 보이는 금비녀와 가락지, 비단 보자기 등의 물건이 체코슬로바키아 골동품 시장에 쏟아져 나왔다고 합니다. 이는 무기 구매 자금이 임시정부뿐만 아니라 수많은 민중의 피와 땀으로 모금된 것이라는 사실을 짐작케 합니다. 독립운동의 밑거름은 바로 이름 없는 민중들이 아니었을까요?

한편 한국보다 20여 년 먼저 독립을 이뤄낸 체코슬로바키아는 결국 1948년에 공산화되고 마는데, 이들 공산정권은 과거 체코슬로바키아 군단이 동맹국 소비에트 정부와 싸우고 제국주의의 앞잡이 노릇을 했다는 이유로 이들에 대한 언급이나 연구 자체를 금기시했으니 역사의 아이러니가 아닐 수 없습니다.

'음수사원 굴정지인(飮水思源 掘井之人)'이라는 말이 있습니다. 물을 마실 때는 그 근원을 생각하고, 우물을 판 사람에게 감사해야 한다는 뜻입니다. 독립 열사들과 민중의 희생을 떠올리며 우리가 누리는 자유와 풍요의 근원을 다시 한번쯤 생각해보는 것은 어떨까요?

라임양의 영상으로 만나는
교과서에서 알려주지 않는 독립군과 체코슬로바키아 군단 이야기 ▶

13

한반도 최초의
헬스인은 누구일까?

조선 최초의
3대 500kg 서상천

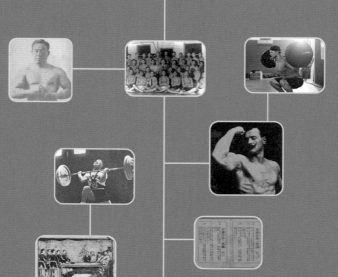

일제강점기 시절, 놀랍게도 근육맨을 양성해
민족의 힘을 키우자고 주장했던
한반도 최초의 헬스인이 있었습니다.
헬스는커녕 관련 용어와 기구조차도
존재하지 않았던 조선 땅에 최초로
근대식 보디빌딩을 보급하고
현대식 바벨과 덤벨이 존재하는
최초의 헬스장을 만든 이가 있었으니…….

조선, 근대 스포츠와 만나다

몇 년 전부터 웨이트 트레이닝 열풍이 거셉니다. 파워리프팅 3대 종목인 스쿼트, 벤치프레스, 데드리프트 무게의 합을 뜻하는 '3대 500kg'이라는 용어가 생겨났고, 이 신조어는 어느새 헬스인이라면 모두 동경하는 강함의 상징이 되었습니다. 여기서 파생된 '3대 500 이하 언더아머 금지', '울면 근손실' 같은 인터넷 밈들은 웨이트 운동을 하지 않는 사람들 사이에도 많이 알려져 있죠.

그렇다면 언제부터 우리나라에 이런 근력 운동을 할 수 있는 헬스장이 생겨난 걸까요? 또 그곳은 어떤 사람들이 운영했던 걸까요?

••• 파워리프팅 3대 운동 스쿼트, 벤치프레스, 데드리프트

우리나라에 서구의 근대 스포츠는 조선의 개항 이후 처음 소개되었습니다. 처음에는 인프라 부족으로 널리 보급되지 못하다가 일제 치하에 들어서면서부터 본격적으로 성장하기 시작했습니다. 이는 당시 일본 정부가 근대 스포츠를 매우 의욕적으로 보급했던 탓입니다. 개항을 통해 키가 크고 체격이 우람한 서구인과의 접촉이 많아지게 되자 국가적 차원에서 국민들의 신체 단련 필요성을 느꼈기 때문이라고 합니다.

당시 일본에서는 '일본인의 열등한 신체를 개조하자!'라는 인종 개선학이 국가적인 정책으로 추진되었는데, 1911년 도쿄인류학회에서 출간한 《인류학잡지》에 이 같은 내용이 기술되어 있습니다.

> "일본의 흥망성쇠는 국가를 조직하는 개인의 형질을 개량하여 우수한 국민을 만드는 데에 달려 있다. 단지 정치, 경제, 종교, 교육 같은 지말(枝末)의 문제만 개선하려고 해서는 도저히 흥국의 목적을 이룰 수 없음을 논하고 진화론의 근거로부터 논추(論推)하여 우량종을 확산해야 한다."*

한편 일제는 '식민지 체육정책'을 적극적으로 추진해 조선의 민족의식을 희석시키려 노력했습니다. 각종 경기대회가 조선 민족을 단결시키고 민족의식을 고취시킨다는 이유에서였죠. 지금도 월드컵 같은 국가대표 스포츠 경기가 열리면 평소에는 딱히 관심이 없는 사람들도 열렬한 애국자가 되어 자국 대표팀을 응원하게 되는데, 일제는 일찍이 이 위험성을 알아챘던 것입니다. 이에 도산 안창호 같은 민족의 선각

---

* 報 興國策としてる人種改造の出版. 東京人類學會. 人類學雜誌. 27卷 8號. 明治 44年 10月.

••• 1876년 강화도 조약으로 이뤄진 조선의 개항

자들은 민족혼을 일깨우는 체육이 곧 독립을 위한 원동력이라고 생각하여 적극적으로 권장하기도 했습니다.

한반도 최초의 헬스매니아, 서상천

이러한 시대적 상황 속에서 근육맨들을 양성해 민족의 힘을 기르고 독립을 꿈꾸었던 체육인이 있었으니, 그가 바로 이번 이야기의 주인공 문곡 서상천입니다.

서상천의 호(號)인 문곡(文谷)은 도산 안창호가 지어준 것으로 알려져 있습니다. 서상천이 일본 유학을 마치고 귀국해 신성중학교 체육교사로 갓 부임했을 때, 우연히 그곳에 들른 안창호가 헬스로 다져진 거구의 서상천을 보게 되었고, 무(武)로써 민족의 앞날을 개척해 나가라

••• 문곡 서상천

는 뜻에서 을지문덕 장군의 이름을 딴 문곡이라는 호를 서상천에게 지어준 것이죠.

하지만 안창호 선생님이 감탄을 금치 못한 거구의 서상천도 어렸을 때부터 건장했던 것은 아니었다고 합니다. 그는 어릴 적 매우 병약했는데, 허리가 아파 3년 동안 앉지도 못하고 엎드려서 지낼 정도였다고 합니다. 거기다 소화기 장애와 피부병까지 앓아 종합 병동 환자와 다름 없었죠. 그러나 불행 중 다행으로 서상천의 아버지는 경북 달성의 제일가는 부자였습니다. 당시엔 흔치 않던 양방 소아과 치료를 받는 한편 인삼과 녹용 같은 보약을 수시로 먹이는 등 가능했던 모든 치료법을 다 동원했던 덕분인지 허리가 아픈 병은 점차 낫게 됩니다.

이후 지금의 초등학교에 해당하는 보통학교에 다니던 서상천은 친구들과 놀러 나간 대구 시내에서 자신의 인생을 송두리째 바꿔놓는 사건을 겪게 됩니다. 바로 세계 최초의 보디빌더 유진 샌도우(Eugen Sandow)의 사진을 보게 된 것입니다.

1867년에 태어난 유진 샌도우는 세계 최초의 보디빌더이자, 당시 세계에서 가장 아름다운 몸을 가진 남자로 불렸습니다. 지금까지도 보디빌딩의 아버지로 추앙받고 있을 정도로 그를 빼놓고는 보디빌딩의 역사를 설명할 수 없을 정도입니다. 샌도우는 타고난 힘을 장기로 열아홉 살 무렵부터 차력 무대에 서기 시작했습니다. 물론 그전에도 힘깨나 쓴다는 이들의 차력 쇼는 서커스의 단골 메뉴이긴 했지만, 장사

체형의 둥그스름한 스트롱맨들 사이에서 샌도우는 처음으로 고대 그리스의 조각상 같은 육체미를 선보였죠.

···유진 샌도우

샌도우가 그리스의 조각상 같은 몸매를 가지게 된 건 우연이 아니었습니다. 대학에서 해부학을 전공한 샌도우는 박물관을 찾아가 대리석 조각품의 비율을 측정하여 이와 동일하게 운동으로 자신의 특정 부위의 근육을 고립해 의도적으로 발달시켰습니다. 고립 발달을 중시하는 현대적인 의미의 보디빌딩이 시작된 것이죠. 이런 샌도우의 체격과 균형미는 당시에는 파격에 가까웠고, 보는 사람들에게도 전율을 느끼게 했습니다.

이뿐 아니라 우리가 지금도 헬스장에서 씨름하고 있는 바벨과 덤벨을 통한 현대식 보디빌딩을 고안해냈으며, 이런 운동 이론을 체계화하고 보급하여 보디빌딩 훈련법에 관한 책을 다섯 권이나 출간한 인물이기도 합니다. 샌도우의 등장 이후 보디빌딩은 하나의 산업으로 자리 잡게 되었고, 바벨과 덤벨도 불티나게 팔려나가기 시작했습니다.

유진 샌도우의 육체미에 엄청난 충격을 받았던 초등학생 서상천은 그때부터 강한 육체를 갖고자 온갖 노력을 기울였습니다. 매일 달리기에 열중했고 일본어로 번역된 샌도우의 서적을 어렵게 구해 이를 탐독하며 열심히 운동에 매진하게 됩니다. 운동에 푹 빠진 헬린이가 된 서상천은 벌크업에 성공해 고등학생 무렵에는 위풍당당한 체구를 갖게 되었습니다. 나아가 축구, 정구, 육상 등 온갖 체육 종목에서 두각을 드러내며 만능 스포츠맨으로 통하게 됩니다.

덤벨은 왜 덤벨일까?

 덤벨은 벙어리를 뜻하는 영단어 'Dumb'과 종을 뜻하는 'Bell'의 합성어로, 말 그대로 벙어리 종이라는 뜻입니다.

중세 유럽 시절, 쉼 없이 전투에 나가야만 했던 귀족들은 근력 넘치는 튼튼한 몸을 만드는 일이 중요한 일과 중 하나였습니다. 물론 당시에는 운동 이론은커녕 기초적인 운동 도구조차 없었는데, 무거운 것을 많이 들수록 힘이 세지고 근육이 발달한다는 것 정도는 모두가 알고 있었습니다. 그래서 귀족들은 교회에서 사용하던 크고 작은 종을 근력 운동에 사용했습니다. 종은 무거운 금속으로 만들어진 데다가 손잡이까지 달려 있었으니 운동하기에 이만한 물건이 없었겠죠. 이때 종 안쪽에 소리가 나게 하는 방울 부분을 떼어내서 사용했는데, 이런 이유로 '소리가 나지 않는 종'이라고 해서 '덤벨'이라는 이름이 붙게 된 것입니다.

'아령'도 벙어리 '아(啞)' 자에 방울 '령(鈴)' 자를 써서 덤벨을 그대로 직역한 단어입니다. 덤벨 이후 중량 운동을 하는 데 쓰이는 기구들에 벨(Bell)이라는 표현을 쓰기 시작했는데, 바(Bar) 모양이면 바벨(Barbell), 주전자(Kettle) 모양이면 캐틀벨(Kettlebell) 같은 방식으로 명명되었습니다.

고등학교를 졸업하며 서상천은 의대에 지원했지만 낙방하게 됩니다. 이에 다시 대입을 준비하며 열심히 영어를 공부하게 됩니다. 영어 공부를 통해 재수에 성공하나 싶었는데, 영문 독해가 가능해진 서상천이 집어 든 책은 다름 아닌 유진 샌도우가 쓴 영어 원서였습니다. 이렇게 각종 웨이트 트레이닝 서적을 섭렵한 후 이번에는 금강산에 입산해서 샌도우의 아령법을 수련할 계획을 세우게 됩니다. 그러나 가족의 반대에 포기하고 일본으로 유학을 떠나게 됩니다.

서상천은 1922년, 스무 살의 나이로 도쿄물리학교에 입학했습니다. 체육을 좋아하긴 했지만 평생 업으로 삼을 생각은 없었던 터라 과학을 전공하려고 했던 것이죠. 하지만 서상천은 1학년을 마치고 나서 이번엔 체조학교로 편입해 체육을 전공하게 됩니다.

문곡은 훗날 본인의 저술 『제일허약하엿섯다』에서 이렇게 밝힌 바 있습니다.

> "조선에 잇슬 때는 내 자신만을 표준하기 때문에 체육이란 일쟁
> 전문할 것은 안이라 하였으나 그들의 체육을 장려하는 의의와
> 체육에 대한 정신을 이해할 수 잇을 때 나는 내 자신의 허약도 허
> 약이려니와 우리 조선인의 허약을 생각하지 안을 수 업섯든 것
> 이다. 그럼으로 나는 쾌연히 체육방면에 나섯고……."

정부가 발 벗고 나서 전 국민의 체육을 장려하는 분위기의 일본 사회를 지켜본 서상천이 체육에 대한 본인의 기존 생각을 바꾸고 체육학교에 편입한 것으로 보입니다. 서상천이 편입한 곳은 오늘날 일본체육대학의 전신인 일본체육회 체조학교라는 이름의 체육교원 양성소

였습니다. 이 체조학교는 '도우키치로 히다카'라는 전직 군인이 설립한 학교였습니다. 일본군에서 복무하며 많은 유럽 군인을 만났던 그가 유럽인들에 비해 왜소하고 약한 일본인들의 신체에 비애를 느꼈고, 특히 당당한 풍채의 지휘관이 없는 것을 통탄하게 여겨 이를 극복하고자 세운 학교입니다.

나아가 그는 '일본인의 신체를 개조하자!'라는 인종 개선학을 기치 삼아 1891년 대일본체육회라는 단체를 만들었습니다. 이러한 배경을 가진 학교다 보니 규율은 군대처럼 엄격했고, 교과 내용은 지나치게 충실했습니다. 이곳에서는 당시 세계적으로 유행하던 서양의 운동법과 체육 이론은 물론 유도, 검도 같은 일본의 무도까지 모두 섭렵할 수 있었죠.

서상천은 일본에서 체조학교를 다니면서도 영국에서 발간하는《스트랭스 앤 헬스(Strength & Health)》월간지를 정기 구독했고, 중량 운동에 관한 원서들도 섭렵했습니다. 1926년, 일본 유학을 마치고 귀국한 서상천은 신성중학교를 거쳐 휘문중학교의 체육교사로 부임한 뒤 11년간 이곳에서 계속 재직하게 됩니다.

휘문중학교에 부임해서는 첫해부터 역도부를 만들어 본격적으로 헬스를 보급하기 시작했습니다. 특히 서상천은 한국 최초로 덤벨과 바벨 등의 운동기구를 들여왔습니다. 당시 체조에다가 중량 운동을 가미한 최신 운동법을 소개한《보디빌딩 액서사이즈(Bodybuilding Exercise)》라는 책을 읽고선, 이 운동법에 사용되는 전문 기구들을 백방으로 노력해 해외에서 들여온 것입니다.

학생들의 증언에 따르면, 서상천은 체격이 육중해 겉으로는 둔하게 보였지만 체육시간에는 마치 비호같이 날쌨고, 체조 기구에 올라가 각종 기계체조 기술을 거침없이 선보여 보는 이가 모두 놀랐다고 합니다. 또 우연한 기회에 영어를 가르치게 되었는데, 영어 또한 실력이 뛰어나 학생들로부터 경외의 대상이 되었다고 합니다.

서울 종로에 문을 연 최초의 헬스장

1926년 11월, 서상천은 일본체조학교 동료였던 이규현, 이병학과 함께 종로에 있는 자신의 집에 '조선체력증진법연구회'를 조직하고, 집의 일부를 체육관으로 개조해서 '중앙체육연구소'를 창설했습니다. 바야흐로 한반도 최초의 헬스장이 종로에 오픈하게 된 순간입니다.

이때 헬스장(중앙체육연구소)의 겉모습은 당시 서울 시내에서 흔히 보이던 초가지붕의 가정집과 다를 바 없었습니다. 그러나 안으로 들어서면 문간방, 안방, 부엌 등 거주 공간이 있고, 바닥에 마루가 깔린 안쪽 20평 남짓한 곳에 평행봉, 뜀틀, 철봉, 링 등 각종 기계체조 기구와 역도용 바벨이 놓여 있었다고 합니다.

이렇게 한반도 최초의 헬스장은 '민족의 체력 향상과 민족정신 함양에 기여한다'라는 대흉근이 웅장해지는 모토로 출발했는데, 전국에서 80여 명의 회원들이 몰려들어 운동을 배우고자 했습니다. 또 이때 '역도'라는 용어가 처음으로 만들어집니다. 이전까지는 조선에 웨이트 리프팅(Weight Lifting)이 소개된 적이 없어 마땅한 명칭도 존재하지 않았습니다. 일본은 이 용어를 '중량거'라고 직역한 '쥬료아게'라는 용어를 사용하고 있었는데, 서상천은 이를 따르지 않고 동서양의 철학을 통해 인간으로서 갖춰야 할 기본 정신과 생활의 도를 수련한다는

••• 조선체력증진법연구회(위)와 중앙체육연구소 회원

의미로 '역도(力道)'라는 이름을 붙인 것입니다.

헬스장의 한 달 이용료는 '80전'이었습니다. 당시 1원은 2021년 물가 기준으로 약 13만 원 정도 되는데, 80전이면 10만 원이 조금 넘는 정도의 금액입니다. 조선 유일의 헬스장인 데다 강습까지 해주는 관장형 헬스장이니 이 정도면 아주 훌륭한 가격이라고 할 수 있겠죠.

초기 80여 명의 회원은 당시 조선의 저명한 학자, 언론인, 의학자, 교육자, 사업가 등 그야말로 호화 멤버였습니다. 이들은 서로 의기투합해 역도를 범국민 운동으로 발전시킬 계획을 세우게 됩니다. 당시 1934년 1월 1일자 《동아일보》에 실린 기사에 따르면 "이곳에서 단련하고 있는 운동은 일반 다른 운동에 비해 단시일적으로 효과를 볼 수 있으며, 그 방법 또한 간단하여 쉽게 단련할 수 있다"라고 홍보하고 있습니다.

이후 서상천은 전국에 헬스장 체인점(?)을 내기 시작했습니다. 북으로는 신의주, 안천, 평양, 해주, 함흥, 원산, 개성에 남으로는 부산, 대구, 광주, 청주, 인천, 강화도에 지부를 설치하여 철봉, 평행봉, 역도 기구를 설치했고 자신의 제자들을 파견해 가르치게 했습니다.

서상천과 그의 제자들이 역도 보급에 힘쓴 결과, 1930년 11월에 한국 최초의 파워리프팅 대회라고 할 수 있는 제1회 전조선역기대회가 처음 열리게 되었습니다. 그 후 제3회 대회부터는 체급이 세분화되면서 매년 정기적으로 열리는 행사로 자리 잡게 됩니다. 이렇게 전국의 헬스장이 성황리에 영업을 하게 되면서 서상천은 조선 체육계의 거물로 부상하게 됩니다.

일제의 식민지 체육 정책

그러던 1939년, 서상천은 조선총독부로부터 체육공로자상을 수상하게 됩니다. 당시 신문에 실린 기사 내용은 이렇습니다.

> "금년부터 조선 안에 잇는 체육운동의 선구자 중에서 그 공이 뚜렷한 이를 선정하야 공로자상을 수여하기로 되여 그동안 신중히 물색 중이던 바 초대의 영관은 중앙체육연구소 서상천 씨에게로 도라가게 되엇다. 그래서 금사일 오후 한 시에 총독부제이회의실에서 열린 체육협회회 석상에서 동협회 회장대리 김사회 교육과장으로부터 공로상과 부상 금백 원을 수여하엿다."

기사 내용만으로는 단순히 그의 체육적 업적을 기리는 상으로 보이지만 사실 총독부에게는 또 다른 속내가 있었습니다. 일제는 상을 주기 한 해 전인 1938년, 조선 내에 존재하던 체육협회들을 강제로 통합시켜 일본인들에게 실권을 넘겨주었습니다. 조선체육회는 와해되었고 역기연맹은 조선중량거연맹으로 개칭하게 됩니다. 이와 동시에 당

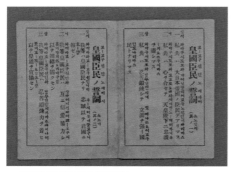
••• 일제가 배포한 황국신민서사

시 조선 체육계에 영향력이 막강하던 서상천을 포섭하고 회유하려는 의도를 보였던 것이죠.

한편 중일전쟁이 한창이던 1930년대 후반은 일제의 민족말살 통치와 사상 탄압이 극심한 시기였습니다. 중일전쟁 이후 윤치호, 이광수, 신흥우, 유억겸 등이 노골적인 친일로 돌아섰고, 이때 조선 내 대부분의 실력양성론자와 민족자강론자들이 독립을 포기하고 친일로 돌아섰죠. 안타깝게도 서상천 또한 이때 실력양성론을 포기하는 모습을 보여주고 맙니다.

1940년 10월, 일제는 조선 내 친일파들을 내세워 국민총력조선연맹이라는 어용단체를 발족했습니다. 조선인들의 황국신민화, 내선 일체의 완성, 전시경제 추진 따위를 목적으로 하는 단체였습니다. 사회적으로 지명도가 있는 친일파 다수가 이 조직에 참여했는데, 서상천도 이 단체의 설립에 참여해 참사직을 역임하였고 이후 일제의 정책에 동조하는 모습을 보여주고 맙니다.

대한민국 올림픽 효자종목으로 성장한 역도

조선중량거연맹은 이후 서상천이 창안한 단어인 '역도'를 따 조선역도연맹으로 다시 개칭된 후 서상천이 초대 회장을 맡게 됩니다. 서상천의 지도 아래 역도연맹 산하에서는 세계적인 역도 선수들이 배출되었습니다. 남수일, 김용성, 김성집 등이 각 체급에서 비공인 세계신기록을 세우기도 했죠.

••• 대한민국 최초의 올림픽 메달을 딴 김성집 선수

특히 18년간 태릉선수촌장을 지내기도 한 김성집 선수는 일제가 패망한 뒤 대한민국이 독립국 자격으로 처음 출전한 1948년 런던 올림픽에서 역도 미들급에 출전해 한국 역사상 첫 동메달을 안겨주었습니다. 이후 한국전쟁 중이던 1952년 헬싱키 올림픽에서 또다시 동메달을 차지했습니다. 이후 한국 역도는 1954년 아시아경기대회, 1956년 멜버른 올림픽에서 연이어 메달을 휩쓸며 우수한 성적을 거두었죠. 그 시절 한국의 역도는 최고의 효자 종목이자 인기 종목이었습니다.

최초의 미스터코리아는 누구?

1949년에는 제1회 미스터코리아 선발대회가 열리기도 했습니다. 명동 시공관에서 개최된 이 대회는 우리나라에서 개최된 최초의 보디빌딩 행사였습니다. 일본보다도 무려 6년이나 먼저 개최된 스포츠 행사였죠. 1대 미스터코리아는 역도의 인기를 반영하듯 역도 선수 출신의 조순동이 차지했습니다. 하지만 이듬해 터진 한국전쟁으로 명맥이 끊기게 되고, 보디빌딩 분야는 전쟁과 함께 암흑기에 접어듭니다.

그러던 1991년에 보디빌딩이 전국체전 정식종목으로 채택되면서 급격한 발전이 이루어졌고, 지금도 회자되고 있는 전설적인 보디빌더 한동기 선수가 1993년 세계 보디빌딩 선수권에서 한국인 최초로 우승을 차지했습니다. 이후 소수 엘리트 체육인과 매니아들만의 전유물이었던 보디빌딩이 최근 들어 소셜미디어와 운동 열풍을 타고 하나의 문화로 단단히 자리 잡게 되었죠.

조선 최초의 헬스장을 열고 전국에 체인점까지 내며 역도와 헬스를 전국에 보급한 서상천. 실력양성론자였던 서상천은 체육을 통해 민족의 힘을 키워 국권을 회복할 것을 주장했지만, 끝을 알 수 없었던 암흑의 식민 시대는 그의 가치관을 바꾸어놓았습니다. 이는 일제강점기를 살았던 서상천이라는 인물의 한계이자 시대의 한계이기도 합니다.

그를 무조건적으로 비난하거나 옹호할 필요는 없을 겁니다. 모든 인물에게는 공과 과, 명과 암이 공존하니까요. 다만 '우리가 즐기는 운동에 이러한 역사가 있었구나' 하고 알아주시면 좋겠습니다. 여러분의 안전한 운동과 득근을 기원합니다!

라임양의 영상으로 만나는
조선 최초의 3대 500kg 서상천 ▶

14

우리의
조상님은
노비였다?

성씨와 족보의 역사

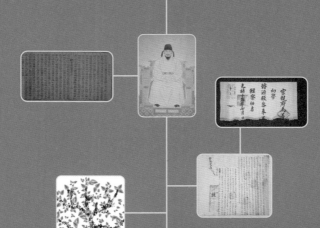

우리 국민 대부분이 왕실의 후손이거나
고관대작을 배출한 명문가를
자처하고 있지만 안타깝게도 그분들이
진짜 조상일 확률은 희박합니다.
그렇다면 우리에게 성씨를 남긴
진짜 조상들은 누구일까요?

한반도 성씨의 역사

오늘날 대한민국에 사는 모든 사람은 성씨를 가지고 있습니다. 그러나 불과 100여 년 전만 해도 성이 없어 새로 만들어야 하는 사람들이 있었습니다. 심지어 500여 년 전에는 인구 대다수가 성이 없었죠. 여러분의 조상님은 언제부터 성이 붙은 이름을 가지고 살았을까요?

전 국민이 성씨를 가지게 된 건 비교적 최근 일입니다. 단언컨대, 역사 교과서에 등장하는 자랑스러운 조상님의 이름이 실려 있는 우리의 족보도 사실은 조작된 가짜일 가능성이 매우 큽니다. 이는 역사적으로 신분 계층별 인구수 비율이 어떠했는지만 생각해봐도 쉽게 짐작할 수 있는 부분이기도 합니다. 16세기만 하더라도 조선 인구의 40%는 성씨가 없었던 노비였습니다. 하지만 지금 노비의 후손을 자처하는 사람은 찾아볼 수 없죠.

한반도 최초의 성씨에 대해서는 『삼국유사』 기록에 의존해야 하는데, 여기에는 신화적이거나 설화적인 이야기가 많아 이 또한 신뢰하기 어렵습니다. 게다가 우리 민족사의 최초 국가인 단군조선의 경우에는 관련 기록조차 없습니다. 이를 대신해 중국 측 사료와 교차검증이 가능한 성씨의 기록을 살펴보면 위만(衛滿) 집권기의 고조선 무렵에 처음 성씨가 등장합니다. 아직까지도 위만의 '위(衛)'가 성씨인지 관직인지를 두고 의견이 분분하지만, 그 밖에도 선우(鮮于)씨, 한(韓)씨, 기(奇)씨 등의 성씨가 등장합니다.

현재는 성(姓)과 씨(氏)를 구분 없이 사용하고 있지만, 고대에는 이 둘의 개념이 달랐습니다. 공자가 편찬한 『춘추좌씨전』에서는 '천자건덕 인생이사성(天子建德 因生以賜姓)', 즉 천자는 덕 있는 자에게 벼슬과 성을 내리고, '조지토이명지씨(胙之土而命之氏)', 즉 '땅을 나누어주고 그 땅을 씨로 명한다'라고 언급한 바 있습니다. 쉽게 말해 '성'은 출생 계통, '씨'는 동일 혈통의 지역 구분으로 오늘날 본관에 해당하는 개념이죠. 하지만 전국 시대 때 혼란을 겪으면서 성씨의 구분이 모호해졌고, 한나라 때 이르러 개념이 혼합되면서 현재의 성씨 체계가 완성됩니다.

한반도에서도 성씨는 지배계급의 정치적 신분을 나타내는 용도로 쓰이기 시작했습니다. 고구려의 국명에서 성을 따온 주몽의 고(高)씨, 시조 온조가 부여에서 내려왔다 하여 붙여진 백제의 부여(扶餘)씨, 지금도 널리 쓰이고 있는 신라 왕실의 박(朴), 석(昔), 김(金) 성씨 설화가 이를 증명합니다.

하지만 6세기까지도 한반도에는 지금과 같은 중국식 성씨가 드물었고 성이 없는 이두식 이름이 주로 쓰였습니다. 소수 지배계층에서는 지금으로써는 다소 이질적일 수도 있는 한반도 고유 성씨들이 사용됐는데, 고구려에는 을지(乙支)나 을(乙), 명림(明臨), 왕이 내려주었다고 기록된 대실(大室), 중실(中室), 소실(少室) 등이 있었고, 백제에는

••• 동일 혈족의 혈통을 존중하고 가통을 계승하여 명예로 삼기 위해 그 역사와 계통을 밝히는 역사책을 족보라고 한다. 그러나 우리의 족보는 과연 진짜일까?

국성인 부여(扶餘)를 포함해 흑치(黑齒), 사택(沙宅), 목협(木劦) 등과 같은 독특한 두 음절 복성이 있었습니다.

또 백제에서 쓰였던 부여사마, 흑치상지처럼 두 음절 성과 두 음절 이름을 붙인 형태는 일본인들의 성명 체계에 영향을 주었을 것이란 학설도 있습니다. 백제와 일본의 이름은 한자만 놓고 보면 구분이 어려울 정도로 닮았습니다. 양국이 교류하면서 백제식 성씨 문화가 수출되었을 거라 보는 것인데, 이쪽도 관련 자료가 미비해 추정만 하고 있을 뿐입니다.

중국식 성씨는 중국 문물이 본격 유입되면서 같이 도입되었는데, 인명 기록을 찾아보면 한반도의 성씨가 점점 변화해온 걸 확인할 수 있습니다. 오늘날과 같은 한 음절 성씨는 중국과 거리상으로 가까워 문화적 영향을 받기 쉬웠던 고구려에서부터 점차 등장해 백제와 신라에도 퍼지기 시작했습니다.

그러던 7세기, 신라가 삼국을 통일하면서 한반도 성씨 형태에도 큰 변화가 일어납니다. 당시 세계 제국이던 당나라 문화가 동아시아 표준 규범으로 자리 잡게 되면서 통일신라와 발해 또한 당나라 문화를 대거 수용하게 된 것입니다. 이때 중국식 한 음절 성씨가 주류로 정착하게 되었고 고구려계와 백제계 성씨들은 대부분 사라져 현재는 전해지지 않게 되었습니다.

하지만 성씨는 여전히 소수 지배계층의 전유물이었고, 일반 백성들은 대부분 성을 갖지 못했습니다. 예컨대 신라의 화가 솔거, 백제의 장수 계백 등도 성이 전해지지 않고 있습니다.

우리나라 성씨의 근간을 이룬 왕건의 사성정책

••• 고려를 건국하고 936년 후삼국을 통일한 태조 왕건

서기 940년, 태조 왕건은 지방호족들을 중앙귀족과 똑같이 대우하고 특권을 보장한다는 상징적인 의미로 토착 성씨를 나누어주는 '토성분정(土姓分定)'을 시작합니다. 물론 임금이 성을 내리는 '사성(賜姓)'은 삼국 시대 때부터 있었지만, 고려에 들어 전례 없는 대규모로 이루어지게 됩니다. 호족들은 공식적으로 토착 성씨를 받고 지역성과 혈연성을 인정받는 특권을 보장받았습니다. 이때부터 하나의 혈연이 집단으로 사는 지역에 맞추는 본관 제도가 이루어집니다.

예를 들어 국성인 왕씨 성을 가진 혈연 집단은 개성을 중심으로 살기 때문에 개성 왕씨, 김씨 성을 가진 혈연 집단이 경주를 중심으로 살면 경주 김씨라고 하는 식입니다. 이러한 익숙한 형태의 토성분정 정책은 우리나라 성씨 제도의 근간이 됩니다.

『고려사』 태조세가에 등장하는 개국 공신들을 살펴보면 고유명이 주류를 이루다가 태조 23년, 그러니까 940년을 기점으로 중국식 성명이 일반화되기 시작합니다. 이후 50년 정도 지난 6대 왕 성종 대에 이르게 되면 고유명은 관료 계층에서 거의 자취를 감추게 됩니다. 1751년 『택리지』를 저술한 실학자 이중환은 "고려가 후삼국을 통일하자 비로

소 중국식 성씨 제도를 전국에 반포해 사람들이 성을 가지게 되었다"라고 기술했습니다.

하지만 이렇게 성씨 문화가 정착하기 시작한 고려 시대에도 성씨가 없는 귀족들이 적지 않았습니다. 고려 초기의 성씨는 지배계층만의 특권이었고 소수 명문가나 귀화 지식인에게 내리는 포상의 성격이 강했습니다. 이렇듯 지배계층의 전유물로 처음 보급된 성씨는 고려 전반을 거쳐 일부 양민들에게도 조금씩 확대되어 갔습니다.

하지만 그때까지만 해도 성씨는 노비, 백정, 향·소·부곡민 등 천민층에게는 꿈도 못 꿀 일이었죠. 대신 이들의 호적대장 이름 앞에는 태어난 마을 이름이 붙어 다녔는데 '압구정의 개똥이', '신도림의 말똥이' 하는 식이었습니다. 지명과 이름이 붙으니 마치 중세유럽의 귀족 이름 같지만, 지역명은 거주 이전의 자유를 제한하기 위한 족쇄 같은 것이었지 성씨와는 전혀 상관이 없었습니다. 피지배계층까지 모두 성을 갖게 된 건 훗날 조선 후기에 이르러서입니다.

이런 중국식 사성정책의 결과 현대 한국인의 성명은 한자로 써놓으면 글자만 가지고는 한국인인지 중국인인지 구분하기 어려울 정도로 닮게 되었습니다. 현대 한국의 성씨가 중국식이라는 것은 성씨가 뜻이 없거나 알기 힘든 데서도 나타납니다. 성씨도 결국 언어이기 때문에 전 세계적으로 성씨는 대개 지명이나 일반명사에서 발전하거나 특수하게 한정되어 사용하기 마련인데, 한국의 성씨는 고유어나 일반명사에서 나온 예가 극히 드뭅니다.

그 가운데 오직 한국에만 있는 성씨인 '박(朴)'씨는 예외적인 사례 중 하나입니다. 『삼국사기』에 따르면, "고허촌장 소벌공이 양산의 기슭을 바라보니 나정 옆의 숲에서 웬 말이 꿇어앉아 울고 있었다. 다가가서 보자 말은 홀연히 사라져 보이지 않고 큰 알만 하나 남았다. (중략) 커다란 알이 마치 박의 모양과 비슷하게 생겼으므로 그의 성을 '박'으로 한 것이다"라고 쓰여 있습니다. 정말 알에서 사람이 나왔는가 하는 설화의 여부와는 별개로 박씨가 한반도 고유의 성임을 증명해주는 일화라고 할 수 있죠.

또 재미있는 건 '홍길동'처럼 '한 글자 성+두 글자 이름'은 오히려 중국보다 한국에서 먼저 정착했다는 사실입니다. 고대 중국에서는 한 글자 이름을 가장 우월하게 봤습니다. 우리가 잘 아는 『초한지』, 『삼국지』에 등장하는 인물들을 봐도 '한 글자 성+한 글자 이름'이 절대다수입니다. 반면 한반도의 경우 성씨 문화 자체가 없을 때 초창기 인명을 주로 두 글자 이름으로만 사용했는데, 삼국 시대에 중국 문화가 본격적으로 유입되면서 기존 두 글자 이름에 한 글자 성을 붙여 세 글자 형태의 이름을 갖게 된 것입니다.

중국은 이후 5호16국 시대와 남북조 시대를 거치며 이민족이 대규모로 유입되고 본격적인 강남 개발에 따른 인구 폭증으로 동명이인이 늘어나면서 지금과 같은 '한 글자 성+두 글자 이름'이 대세가 되었다는 학설이 있습니다. 사료를 보면 적어도 당나라 때부터는 두 글자 이름이 확연히 주류로 떠오른 모습을 확인할 수 있습니다.

성씨를 사고팔던 사람들

이런 양상은 고려 시대를 지나 조선 시대까지 이어집니다. 임진왜란 발발 전, 그러니까 16세기 후반까지만 하더라도 조선의 전체 인구 중

••• 조선을 보다 평등한(?) 사회로 만든 공명첩

성과 본관을 가진 이들은 10% 남짓한 수준이었습니다. 10%라는 수치는 당시 왕족과 고관, 소수 양반의 수를 모두 합친 것이죠. 그러던 중 17세기 무렵, '공명첩(空名帖)'이 등장하며 갑자기 성씨를 가진 이들이 증가하기 시작합니다.

공명첩은 조선 시대에 국가 차원에서 운영하던 매관매직 제도의 일종인데, '공명(空名)'은 말 그대로 '이름이 비었다', 즉 이름이 적혀 있지 않은 임명장을 뜻하는 것입니다. 이미 만들어진 임명장에 이름만 적는 식이었던 것이죠. 공명첩은 부유한 사람들에게 관직을 팔아 국가 재정을 보충하는 제도였습니다. 물론 이런 공명첩 발행은 이전에도 있었으나 광해군 때 임진왜란으로 바닥난 국가 재정을 확보하고자 국가 차원에서 본격적으로 나서기 시작한 거죠. 이제 돈만 내면 천민도 양반이 되고 벼슬자리까지 얻게 됩니다. 공고하던 조선의 신분제에 금이 가기 시작하는 계기가 된 것이죠.

상황이 이러했으니 논 팔고 소 팔아 성씨를 얻는

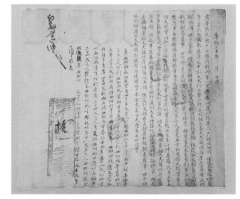
••• 오늘날의 호적등본에 해당하는 준호구

사람들이 늘어났습니다. 당시 조선은 3년마다 전국의 호구를 행정구역별로 정리했는데, 조사 때마다 성씨를 가진 사람들이 눈에 띄게 늘기 시작합니다. 그 결과로 성씨를 가진 사람이 17세기 후반에는 20%, 18세기에는 40%, 19세기 초반에는 50%를 넘어서더니 19세기 후반에는 인구의 70%를 넘게 됩니다.

폭발적으로 증가한 '김씨'와 '이씨'

우리나라 성씨의 특징은 몇 개의 성씨가 인구의 과반수에 육박한다는 점입니다. 2015년에 실시된 통계청 인구주택총조사를 보면 각 성씨별 점유율을 한눈에 알 수 있는데, 우리나라 상위 다섯 개 성씨인 '김·이·박·최·정'은 무려 대한민국 인구의 53.6%를 차지합니다. 특히 김씨와 이씨를 합친 비율이 인구의 36%가 넘는데 이는 세계적으로 아주 보기드문 사례죠. 어떻게 이런 현상이 일어난 걸까요?

양민층에도 성씨를 가진 사람들이 폭발적으로 늘어났지만, 이때까지도 공·사노비, 백정, 무당, 승려 등 천민 계층의 사람들은 성이 없는 '무성층'으로 남아 있었습니다. 그러던 1894년, 갑오개혁을 계기로 기존의 신분제도가 사라지면서 인구 대부분이 성씨를 만들게 되었습니다. 당시 양반가의 노비들은 부모나 다름없던 상전의 성을 따르는 경우가 많았습니다. 일례로 안동 김씨의 한 권문세가 노비 300여 명은 하루아침에 모두 안동 김씨가 되기도 했죠.

마침내 전 국민이 빠짐없이 성씨를 갖게 된 건 1909년 3월에 일제 통감부의 새 민적법이 시행되면서입니다. 호적담당 서기나 순사들이 집마다 돌며 희망하는 성씨를 받았고, 딱히 희망하는 성씨가 없는 경우는 본인들이 직접 붙여주기도 하는 등의 촌극도 벌어졌습니다. 이때도 마찬가지로 김, 이, 박 같은 명문 본관들은 새로 만드는 성씨로 아주 인기가 많았습니다. 통계자료에 따르면 우리나라 국민 5명 중 1명은 최소 부계 혈통이 왕족이고, 모계까지 따진다면 거의 전 국민이 생물학적으로 왕족 혈통이라는 이야기인데, 과연 그럴까요?

조선은 전주 이씨가 세운 나라였습니다. 그리고 구한말에는 세도가 안동 김씨가 나라를 쥐락펴락했죠. 이왕 새로 선택하는 성씨인데 가능하다면 멋있는 걸 택하고 싶은 게 사람들의 다 같은 마음 아닐까요? 하지만 궁색한 살림살이에 전주 이씨나 안동 김씨는 너무 빤히 보이는 짓이라고 생각해서인지 몰락한 왕가의 성씨를 택하는 사람들이 많았는데, 그래서 가장 인기 있었던 성씨가 옛 가야 왕의 성씨였던 김해 김씨와 신라 왕의 성씨였던 밀양 박씨, 경주 김씨였습니다.

현재 우리나라 성씨의 본관 순위 또한 이런 이유와 무관치 않습니다. 2015년 통계청 자료를 보면 김해 김씨가 446만 명으로 1위, 밀양 박씨가 310만 명으로 2위, 전주 이씨가 263만 명으로 3위, 경주 김씨가 180만 명으로 4위입니다.

17세기 조선의 성씨 분포를 알 수 있는 기록 중에 병자호란 직후인 1637년에 실시된 무과의 합격자 명단이 있습니다. 이때 무려 5,506명의 사상 최다 합격자를 뽑았는데, 명단에는 당시 과거시험에 응시할 수 있었던 양민 이상 계층 합격자의 성과 본관이 상세히 기록되어 있습니다.

이 기록에 따르면 전체 합격자의 26.7%에 해당하는 1,470명이 김해 김씨, 12.8%인 705명이 경주 김씨인데, 2015년 기준으로 단일 본관

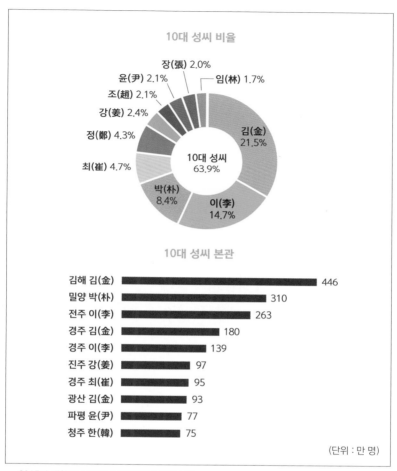

10대 성씨 비율

장(張) 2.0%
윤(尹) 2.1% ┐ ┌ 임(林) 1.7%
조(趙) 2.1%
강(姜) 2.4%
정(鄭) 4.3%
최(崔) 4.7%

10대 성씨
63.9%

김(金)
21.5%

이(李)
14.7%

박(朴)
8.4%

10대 성씨 본관

김해 김(金)	446
밀양 박(朴)	310
전주 이(李)	263
경주 김(金)	180
경주 이(李)	139
진주 강(姜)	97
경주 최(崔)	95
광산 김(金)	93
파평 윤(尹)	77
청주 한(韓)	75

(단위 : 만 명)

••• 2015년 대한민국 10대 성씨 비율과 성씨 본관

순위 3위인 전주 이씨는 무과 합격자에서 단 한 명도 찾을 수가 없습니다. 전주 이씨가 늘어나는 건 더 먼 훗날의 일입니다. 신분제가 흔들려 양민들도 성씨와 본관을 가지기 시작한 17세기에도 감히 국성의 본관까지는 사칭하지 못했던 것으로 보입니다.

실제로 단일 시험에서 1,470명의 합격자를 배출한 '김해 김씨'는 동성동본이라면 왕조를 위협할 만한 엄청난 규모임에도 불구하고, 우의정을 지낸 김우항을 제외하면 딱히 고관을 배출하거나 세도가로 조선사 전면에 등장하지 않았습니다. 임진왜란 당시 조선에 귀화한 왜장 사야가(沙也可) 또한 '김충선'이라는 한국식 이름을 지으면서 김해 김씨를 사성 받은 것으로 미루어보아, 당시 민간에 널리 차용된 본관이었음을 짐작할 수 있습니다. 이에 일부 학자들은 우리나라의 본관 문화를 생물학적인 계보보다는 사회문화적 계보로 봐야 한다고 주장하고 있죠.

우리 조상들은 성씨를 얻기 시작하면서 새로운 성씨를 만들기보다는 기존의 본관을 얻으려고 했는데, 이는 조선이 뿌리 깊은 '신분제 사회'였기 때문입니다. 성씨를 만들고자 하는 자체가 차별받는 천민이 아니라는 것을 나타내기 위함이니 새로운 성씨를 쓰면 그 자체가 곧 천민 출신이라는 증표가 되기 때문입니다. 그럴 바에는 차라리 이전처럼 성씨가 없느니만 못하겠죠.

다른 나라의 성씨는 어떨까?

전 세계에서 성씨 두 개가 전 국민의 30%를 넘는 나라는 우리나라를 제외하고 '응우옌'씨가 전 국민의 40%에 육박하는 베트남 정도밖에는 없습니다. 원래 성씨가 없던 사람이 새로 가지려면 그전에 없던 새로운 성씨를 만들어야 합니다. 이는 전 세계의 공통된 현상입니다.

일본도 대다수가 성씨 없이 살기는 우리나라와 마찬가지였습니다. 막부 시대에는 사무라이 계급 이하로는 성씨를 가질 수 없었죠. 하지만 메이지유신 이후인 1875년, '평민묘자필칭의무령(平民苗字必称義務令)'을 내려 전 국민에게 성씨를 보급하게 되는데 이때 출신지의 지명이나 지형적 특징을 성으로 정한 것이 많았습니다. 냇가 근처에 사는 사람들은 와타나베[渡辺, 도변], 산속에 살던 사람들은 야마나카[山中, 산중], 대나무밭이 있는 지역은 다케다[竹田, 죽전] 같은 식이죠.

현재 일본의 성씨는 12만 개가 넘는 것으로 추정하고 있습니다. 일본의 경우 우리나라와 달리 성씨를 정부가 통계 내지 않아 보험회사 등 민간기관에서 성씨별 인구 추정치를 발표하는데, 가장 최근 자료인 2018년 메이지−야스다 생명보험 자료에 따르면, 가입자 655만 명 중 성씨별 점유율은 사토[佐藤, 1.53%], 스즈키[鈴木, 1.44%], 다카하시[高橋, 1.14%] 순이었습니다.

미국 역시 이민자의 혈통에 따라 수만 가지 성씨가 있는데, 영어식의 경우 성씨를 지을 당시에 직업을 나타내는 단어가 많습니다. '파머(Farmer)'는 농부, '피셔(Fisher)'는 어부, '스미스(Smith)'는 대장장이, '메이슨(Mason)'은 석공, '대처(Thatcher)'는 이엉장이, '테일러(Taylor)'는 재단사 같은 식입니다.

이는 영어권뿐만 아니라 다른 유럽 지역에서도 비슷한 양상을 보입니다. 예를 들어 독일의 유명 축구선수 슈바인슈타이거(Schweinsteiger)는 돼지를 뜻하는 슈바인(Schwein)과 들어 올린다는 뜻의 슈타이겐(Steigen)이 합쳐져 '돼지를 들어 올리는 사람'이라는 뜻의 성씨를 가졌습니다. 지금도 돼지를 많이 키우는 바이에른 지방의 방언인 슈타이거(Steige)에는 '우리'라는 뜻도 있다고 합니다. 돼지를 들어 올리는 사람이건 돼지우리에서 일하는 사람이건 조상이 돼지와 관련된 일을 하던 사람이었다는 것을 유추할 수 있죠. 또한 북유럽 노르드 계열 민족

들은 별도의 성씨 없이 아버지의 이름에 '-son, -sen' 등을 붙이는 '부
칭성'이라는 것을 사용했는데 이것이 존슨, 톰슨, 스티븐슨 등등으로
남아 있습니다.

이렇게 세계 대부분의 나라에서는 최소 수천 개에서 수십만 개의
성씨가 존재하는 데 반해 우리나라는 현재 성씨를 모두 합해봐야 겨
우 533개에 불과합니다. 그나마도 1960년 대한민국 국세조사에서는
258개였고, 2000년 총조사 때 외국인 귀화로 조금 늘어 286개였다가,
2015년부터는 같은 성씨라도 두음법칙 등으로 다르게 발음하면 따로
집계하게 된 탓에 이만큼 늘어나게 되었습니다.

믿었던 족보마저 대부분이 엉터리?

역사에 등장하는 첫 번째 족보는 고대 중국 황실의 혈통을 기록한『제
계』라는 제왕연표입니다. 민간 기록으로는 한나라 때 관직 등용을 위
한 '현량과'를 치른 응시생의 내력과 선대의 업적을 기록한 것을 시작
으로 보고 있습니다. 이후 문벌의 전성기를 맞이한 당송 시대에 들어
본격적으로 지금 우리가 알고 있는 형태의 족보를 만들기 시작합니다.

사실 족보는 근대 이전 계급 사회의 폐쇄성을 입증하는 좋은 자료가
되기도 합니다. 일찍이 중국에서는 위진남북조 시대부터 관료 집안의
족보를 모두 심사하여 등급을 매기고, 명문 집안이 아니면 승진에 상
한선을 두는 등 실질적인 차별조치가 이뤄졌습니다. 이로 인해 족보
의 기록과 신빙성을 검증하는 학문인 '보학(譜學)'도 이 시기부터 발전
하게 됩니다.

한반도에서 처음 등장한 족보의 개념은 신라 말 문신 최치원이 역대 왕과 왕족의 계보를 체계화해 기록한 『제왕연대력』을 시초로 보고 있습니다. 이후 고려 왕족의 계보를 정립한 『왕대실록』, 『선원록』 등이 있으며, 고려 중엽 이후 귀족층 사이에서 '가보, 가첩' 등의 용어가 있었던 것으로 보아 가계에 대한 자체적인 기록이 있었을 것으로 추정되지만 아쉽게도 남아 있는 기록은 없습니다. 조정에서도 계보를 공식적으로 정리하고 기록해두는 기관을 두지는 않았던 것으로 보입니다.

지금까지 남아 있는 족보 대부분은 조선 시대 양반층에서 작성된 족보입니다. 사실 족보란 '보첩'이라는 하위 개념들을 총칭하는 개념인데, 이 가운데 대표적인 보첩으로는 본관의 시조를 중심으로 이하 모든 파를 계통별로 빠짐없이 수록한 『대동보』, 본관 내 특정 파와 내력 등을 수록한 『파보』, 개인을 중심으로 직계 조상의 생일, 기일 등 가계 정보를 기록한 『가승보』 등이 있습니다. 『대동보』 같은 지금의 형식을 갖춘 최초의 족보는 1451년, 세종 때 영의정을 지낸 하연이 발간한 진양 하씨 『경태보』인데, 지금은 서문만 남아 국립 중앙전자도서관에 보존되고 있습니다.

진양 하씨 『경태보』의 서문은 이렇습니다.

> "대개 천지가 생긴 뒤로 땅의 됨됨이엔 좋고 나쁨이 있듯이 사람의 태어남엔 귀하고 천함이 있는 법이다. 우리 본향은 지리산을 등지고 남강이 둘러 있어 신령한 기운이 (중략) 우리 지역 토성으로는 삼한 시대부터 내려온 씨족이 넷 있으니 하, 정, 소, 강 씨이고 나머지는 서민들의 잡성이다. (중략) 그러니 어찌 이를 기록하여 후손에게 보이지 않을 수 있으리오!"

••• 진양 하씨 『경태보』 서문

 신령한 우주의 기운은 가문의 역사를 논할 때도 빼놓을 수 없나 봅니다. 나머지 성씨는 서민들의 잡성이라고 일축하는 패기도 엿볼 수 있습니다.

 이후 1476년에는 안동 권씨의 『성화보』가 발간되는데, 현재까지 전해지는 족보 중 가장 오래된 것입니다. 이 족보가 진본이라 할지라도 조상에 대한 지나친 미화와 연대의 착오 등으로 역사적 자료로는 취급하기 어렵다는 게 학계의 중론입니다. 그러나 역사서에 실려 있지 않은 내용이 존재하고 보충 자료로 활용한 사례도 있기에 전혀 의미가 없다고는 할 수 없습니다.

 당시까지도 족보를 가진 가문은 손에 꼽을 만큼 적었습니다. 양반임에도 불구하고 족보가 없는 가문도 많았죠. 족보를 양반의 필수품으로 여기게 된 풍조는 역설적이게도 신분제가 흔들리기 시작해 허례허식이 강해지기 시작한 조선 후기에 들어서입니다. 요즘에는 집집마다 족보가 있고 대한민국 사람이라면 누구나 명문가를 자처하지만, 이 가운데 진짜 족보는 10%도 안 되는 게 현실입니다. 족보에 나와 있는 조상들 가운데 5, 6대 이상의 선조가 실제 자신의 생물학적인 조상일 가능성은 10%도 채 안 된다는 뜻이죠.

이는 조선 후기에 족보를 변조하던 전문 업자들이 특정 가문의 족보를 입수해서 판본으로 만들어 대량으로 찍어낸 탓도 있습니다. 이런 판본이 있으면 가짜 족보는 만들기 쉬웠습니다. 다른 기존 가문의 족보에 우리 할아버지, 아버지 그리고 본인의 가족 정도만 추가하면 되었기 때문이죠.

사실 이런 것은 원본과 대조해보면 금방 탄로가 나겠지만, 실제로 그렇게까지 하는 사람은 없었습니다. 게다가 하도 가짜가 난립하다 보니 나중에는 도대체 어느 게 진짜인지 분간이 어려워지기도 했습니다. 이런 위변조가 계속되면서 더 이상 손쓸 수 없는 상황에 이르자, 18세기 말부터는 아예 양반들이 스스로 돈을 받고 자기 족보에 이름을 올려주는 현상까지 나타나게 됩니다. 일정 액수의 쌀이나 돈을 대가로 주거나 문중의 선산을 대신 관리하는 등의 다양한 조건이 따라붙었죠.

가짜 족보를 얻으려 노력했던 진짜 이유는?

그런데 양민들이 단순히 천대받는 신분에서 벗어나 떵떵거리기 위해서 족보를 산 것만은 아닙니다. 사실 가장 크고 중요한 혜택은 따로 있었습니다. 바로 군 면제였습니다. 조선 시대 양반들과 유생들은 군역에서 제외되었는데, 당시 관례로 족보를 지참하고 있으면 양반으로 인

정해 군역이 면제되었던 것이죠. 이를 이용해 돈벌이에 나선 인물에 대한 내용이 『영조실록』에 기록되어 있습니다.

> "역관 김경희라는 자가 사사로이 활자를 주조한 다음 사람들의 보첩을 많이 모아 놓고 시골에서 군정(軍丁)을 면하려는 무리를 유인하여 그들의 이름을 기록하고 책장을 바꾸어주는 것으로 생활을 하고 있습니다. 법조로 하여금 엄중히 조사하여 중히 다스리도록 하소서."

조선 후기에 족보 조작으로 이뤄진 급격한 군역 대상자의 감소는 양민들의 군포 부담을 줄인 영조의 '균역법', 양반들에게도 군포를 징수하는 흥선대원군의 '호포제'가 실시된 원인 중 하나가 되기도 합니다. 비단 신분 차별이 있었던 조선에서만 족보 조작이 일어났던 건 아닙니다. 광복 후에도 가짜 족보를 만들던 위변조꾼들이 많았습니다. 이때도 대부분 차별받던 신분을 숨기고자 했던 것이었는데, 실질적인 혜택을 위한 위변조 사례도 있었습니다. 바로 독립유공자 후손을 사칭해 혜택을 챙기는 것이었죠.

1995년에 국가보훈처는 만주에서 독립운동을 하다가 순국한 차도선 의병장을 비롯한 다섯 명의 애국선열 유해봉환을 추진했는데, 이때 차도선 의병장의 종손을 자처한 가짜 후손이 나왔습니다. 차 의병장의 후손들이 모두 중국에 살고 있고 옥살이를 하는 등 뿔뿔이 흩어져 확인이 어려웠던 점을 노리고 가짜 족보를 들고 나온 것이죠. 이 가짜 종손은 유족의 대표로 차도선 의병장의 안장식에 참여하고 국립묘지 비석에 이름을 올리기까지 했습니다. 훗날 보훈처의 조사 끝에 비석에 새겨진 가짜 후손의 이름이 삭제되었고, 중국에 거주하던 진짜 후손들이 특별귀화로 대한민국 국적을 얻게 됩니다.

비교적 최근인 2013년에도 만주에서 독립운동을 한 박상진 선생의 손주를 사칭해 1억 5천만 원의 지원금을 받은 조선족 삼 남매가 경찰에 붙잡히기도 했습니다. 이때도 어김없이 가짜 족보가 등장했죠.

전근대적인 신분제도가 철폐된 후 이런 특별한 사례를 제외하고는 족보의 실질적인 이득은 없었습니다. 하지만 족보는 처음 등장한 조선시대 초기부터 수백 년 동안 사람들에게 선망의 대상이 되어왔습니다. 우리 모두 가지고 있는 성씨 또한 그래왔습니다.

우리가 자랑스러워하는 명문 가문의 혈통이 진짜일지 가짜일지는 아무도 모릅니다. 하지만 이제 그런 것은 아무래도 중요하지 않습니다. 조상이 누구든지 간에 우리 모두는 인간으로서 존엄하며, 헌법은 우리의 자유와 주권을 보장하고 있습니다. 그러니 성씨와 족보에 관련된 이번 이야기는 재미로만 받아들이시길 바랍니다. 진실은 아무도 모르니까요!

라임양의 영상으로 만나는
성씨와 족보의 역사 ▶

이미지 출처

이 책에 사용된 사진 및 통계 등은 가능한 한 저작권과 출처 확인 과정을 거쳤습니다.
이 밖에 저작권자를 찾지 못하여 게재 허락을 받지 못한 일부 사진의 저작권과 문의 사항
은 청어람미디어 편집부로 해주시기 바랍니다.

쫌 아는 당신이 몰랐던 세상의 지식
라임양의 별난 인문학썰

1판 1쇄 펴낸날 | 2022년 4월 28일

지은이 | 라임양, 정우경
펴낸이 | 정종호
펴낸곳 | (주)청어람미디어

책임편집 | 여혜영
마케팅 | 이주은, 강유은
제작 · 관리 | 정수진
인쇄 · 제본 | 에스제이피앤비

등록 | 1998년 12월 8일 제22-1469호
주소 | 03908 서울 마포구 월드컵북로 375 402호
전화 | 02-3143-4006~8 | 팩스 02-3143-4003

ISBN 979-11-5871-198-6 03900